中学校英語サポートBOOKS

苦手な生徒もすらすら書ける！

テーマ別英作文ドリル&ワーク

江澤 隆輔 著

JN254499

明治図書

はじめに

■ライティングの量が圧倒的に足りない！

　中学校で英語を指導していて，私が常々感じていたことがあります。それは，「生徒たちのまとまった英語の文章を書く機会が少なすぎる」ということです。それまでの私は，教科書の読み取りや文法指導に時間を取りすぎていて，生徒の自由な発想で英語の文章を書かせる時間が取れていませんでした。中間テストや期末テスト，高校入試には必ず英作文に関する問題が出題される（しかも，高配点！）にも関わらず，テストの前に1時間，場当たり的に英作文を指導するのがそれまでの私の授業運営でした（今，思い出すだけでも大変恥ずかしい…）。野球に例えるなら，選手は打席に立ってヒットを打つことが仕事なのに，本番さながらに打席に立たせて練習（実際に英作文）させず，素振り（教科書の内容理解や文法指導）ばっかり練習させていたのです。その結果，高校入試の問題で英作文が出題されても，3文程度しか書けない生徒が数多くいました。彼らは，英語が苦手・嫌いだから「書かなかった」わけではなく，英語が好き・嫌いに関係なく，3年間，「数をこなしてこなかった」だけだったのです。

■英作文問題集の誕生

　そんな状況の中で生まれたのが，本書の元になっている「英作文問題集」です。普段はなかなかできない英作文指導を体系化し，「書けば書くほど上手になる」ということを何度も生徒に指導しながら，家庭学習に英作文学習を取り入れました。当時の英語科の先生方で相談し，3年間を見越した指導をするために，独自で英作文に特化した問題集を作ったのです。その英作文問題集を使用し始めた生徒たちは，1つのトピック（お題）に対して，最初は3文程度しか書けなかったものの，徐々に書ける文が増えていき，1年の後半には，10文以上を英作文することができるようになりました。1週間で1トピック10文以上を目標として，何度も添削を受けながら，一部の生徒は次第に高い英語力をつけていくことができたのです。

■悪戦苦闘する生徒と教師

　独自の英作文問題集で生徒が英語力をつけていったといっても，それは学力上位グループ。与えられたトピックについてどんどん英作文を書き，力をつけていく学力上位グループを尻目に，英語が苦手な生徒は，なかなかライティングの力がつきませんでした。特に，日本語をそのままの語順で英語に直してしまう（例「私はとてもテニスが好きです」→ "I very tennis like."）生徒たちを正しく英作文できるようにさせる指導は骨が折れました。生徒が書いてきた英文を添削し書き直しをさせても，また間違えた語順で英文を書いてくる生徒。品詞の知識

がなく，1文中にいくつも動詞を書き入れてしまう生徒。そもそも家庭学習の習慣がなく，落ち着いて家で英作文に向き合わない生徒。様々なタイプの生徒がいましたが，あるときは ALT の先生と一緒に添削したり，あるときはわざと間違えている英文を提示しながら生徒と一緒に間違いを探したりして，どんどん打席に立たせることを意識しつつ英語科全員で指導していきました。結果，何度も多くの英作文を書きながらゆっくりと力をつけることができました。また，3年間，英作文の指導を受けた生徒たちは，卒業前の秋の外部検定試験のライティング部門で，群を抜いた結果を出してくれました（「ベネッセ教育総合研究所 VIEW21 2017 英語4技能育成特集号」で取り上げて頂きました）。

■著者の願い

　中学生に英作文を指導していく上で感じたのが，努力を重ねて一旦力をつけてしまえば，なかなかライティング力は落ちないということです。そこで，最初のうちは3語程度の簡単な英作文でいいので，とにかくたくさんの英文を書き，徐々に力をつけていくことをイメージしながら本書を執筆しました。数を書かせることを意識して，最終的には12文の英文を書き切ることを本書は目標としています。また，10年間，毎年すべての学年を担当して指導（私の勤務する県は基本的に「縦持ち」で，すべての学年をそれぞれ1～2クラス程度担当）してきたことで，トピック（お題）を与えただけでは書けない生徒が多数いると身を持って実感しております。

　そこで，本書では該当トピックに関する並び替え問題を多数作成しました。それらの問題を利用しながら，ぜひ生徒のライティング力を上げてほしいと願っています。もちろん，ここまでしても生徒によっては力がつかないかもしれません。特に，上記のような英語の語順がばらばらな生徒の指導は本当に骨が折れ，私も何度も何度も書かせてノートを突き返し，励ましながら添削してきました。毎年100名以上の英作文を担当してきたからこそ，英作文を指導する先生方の苦労は分かります。だからこそ，生徒に寄り添い，生徒の理解と上達を信じて時間と手間をかけて指導する必要があり，本書がその手立てになることができれば，それほど幸せなことはありません。

　最後に，2人の子育てに奮闘しながら，温かいサポートと執筆の時間をくれた妻と，教師として貴重な実践をさせてくれたあわら市立金津中学校の英語科の皆様に感謝します。また，明治図書出版教育書部門の広川淳志氏には，本書の企画の段階から最終校正に至るまで，終始お世話になりました。心から感謝します。

2018年1月

　　　　　　　　　　　　　　　　　　　　　　　　　　　　　　　　　　　江澤　隆輔

本書の使い方

1 本書の構成

本書は1つの英作文テーマについて4ページで構成されています。

1ページ目に，対象となる文法事項とテーマ，指導時期（あくまで目安です）が書かれています。また，そのテーマを扱う上で注意すべき事や文法事項の導入方法・復習方法，それらに対する具体的な活動も書かれています。2ページ目のドリル問題の解答も1ページ目下部に書かれていますので，答え合わせ，生徒への配布に活用してください。

2ページ目には，テーマに関するドリル問題が約10題書かれています。そのテーマに関するドリル問題ばかりなので，次ページで英作文するときの手助けになるでしょう。また，このドリルをそのまま書き写せば，英作文として使える英文ばかりにしました。英語が苦手な生徒にとっては，書き写すまたは知っている英単語に書き換えれば英作文が完成してしまうので，とても大きな手助けになるでしょう。さらに，すべてのドリル問題を並び替え形式にしました。取り組みやすい問題ばかりですので，実際の英作文をする前に，生徒に解かせましょう。

3ページ目は，生徒が実際に書き込むページです。生徒たちは，それぞれのテーマに対して12文を目標として英作文を書いていきます。また，ページ右部には，目標の英文数を書き切るためのヒントが書かれています。使いやすい単語・熟語や英文を作り上げていく上での注意点

1 自己紹介をしよう
❖ be 動詞・一般動詞 ❖

【標準実施時期】5月〜6月
【単元の目標】
be 動詞と一般動詞を使って，自分の名前や年齢，好きなことや毎日することなどの自己紹介を英語で書くことができる。

著者はライティングの授業の様々な場面で，「書けば書くほど英作文の力が上がること」「間違えてもいいからどんどん作文すること」を話しているが，このトピックは中学生として初め

【右ページドリル解答】
(1) I am Ito Kenta.　　(2) I am from Tokyo.
(3) I like soccer.　　(4) I like English very much.
(5) I study it every day.　　(6) I don't like fish.
(7) I like music, too.　　(8) I practice the piano at home.
(9) I am a member of the baseball club.　　(10) I play baseball every day.

使える1文ドリル　自己紹介をしよう

Class (　　) No. (　　) Name (　　　　　　　　　)

＊英文の最初にくる単語もすべて小文字にしてあります。

(1) 私はイトウケンタです。【am / Ito Kenta / I / .】

(2) 私は東京出身です。【from / am / Tokyo / I / .】

(10) 私は毎日野球をします。【every day / play / baseball / I / .】

【1回目　／10問】【2回目　／10問】【3回目　／10問】

be 動詞・一般動詞　自己紹介をしよう

Class (　　) No. (　　) Name (　　　　　　　　　)

like music
好きなことを書いてみよう！

Good!!

先生の添削を受けて，ここに書きなおしてみよう！

【評価のめやす】3文でC，6文・9文でB，12文以上でA

などが書かれていますので，それらのヒントを見ながらどんどん書き進めていけます。さらに，ページ下部には添削スペースを作りました。英作文の力は「書きっぱなし」ではなかなか伸びません。間違えた英文を正しく書き直すスペースを設けて，そこにリライトできるような作りにしました。

　4ページ目は，模範解答・過去に著者が受け持った生徒の解答（素晴らしいものを選びました。一部改編したものもあります）・よくある間違いを記載したページとしました。よくある間違い例では，間違い部分が**太字**になっています。単語などが抜けている場合には（∨）の記号が入っており，不必要な単語には波線が引いてあります。模範解答の右には，先生方が生徒の英作文をチェックするときの注意点やさらに指導しておきたい内容が書かれています。また，過去の生徒が書いた解答の隣には，どの点が素晴らしいか，どの点を他の生徒にも真似してもらいたいかが書かれています。先生方が英作文指導を進めていく上での参考になれば幸いです。さらに，よくある間違い例の解説や，いかにして生徒の間違いを減らすかも記載しました。

　それぞれの英作文テーマに関しては，「あなたの友だち・家族を紹介しよう」「小さな町と大きな都市のどちらに住みたいですか」「あなたにとって幸せとは何ですか」など，生徒の思いや意見を英作文できるようなテーマを29個選びました。なお，主に１年生の授業で使えるものを Chapter 1 に９個，２年生で使えるテーマを Chapter 2 に10個，３年生で使えるテーマを Chapter 3 に10個収録しました。

② 指導の手順

　本書は，原則的に復習をメインにおいた問題集です。該当の文法事項を導入・習熟後に本書を使用して英作文を書かせましょう。その導入方法や練習方法に関しては，先生方の創意工夫で行っても良いでしょうし，１ページ目に記載してあるテーマもあります。生徒に様々な活動をさせながら文法事項を習熟させれば，生徒たちは英作文の中でターゲットとなる文法を使いながら，ライティング力をどんどん上げていくでしょう。

【文法事項の導入・習熟後，ドリル問題に取り組む】

　２ページ目に記載してある並び替えドリル問題を解かせます。

＊答え合わせも行います。解説が必要だと思われる問題は，時間を取って解説しましょう。

＊慣れてきたら生徒のみで答え合わせをさせます。

【ドリル問題解答後，英作文を書いてみる】

　各テーマ3ページ目にあるスペースに英作文を書かせます。その際，あくまでも目標は12文と指示し，数多くの英文を書いてくるよう指導します。

　＊基本的には土日などの家庭学習とし，ゆっくりとまとまった時間を取って英作文できるようにします。

　＊生徒たちが今知っている語彙でライティングすることが大切なので，インターネットの翻訳サイトや友だちの英作文をそのまま書き写した生徒には厳しく指導します。

【英作文の提出】

　宿題としていた英作文を回収，添削します。その際，「生徒自身で間違いを気づくことができるような仕組み」を作っておくと効果的です。例えば，英文中の単語と単語の間に「∧」が書かれていたら英単語を加える，「∧2」と書かれていたら英単語を2語加える，英文すべてにアンダーラインが書かれていたら語順がばらばらなどと事前に明示しておき，生徒がただ間違いを直すだけではなく，「考えて（調べて）書き直す」仕組みを作っておきたいです。

　＊添削記号の一例

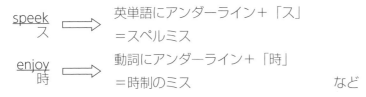

【先生の添削後，生徒がリライト】

　英作文を添削後，生徒たちに正しい英文を書き直しさせて再度提出させます。3ページ目下部のスペースを使ったり，生徒の持っている英語ノートを使ったりしても良いでしょう。このリライト作業は必ずさせてください。生徒にとっては，この作業が最も力の伸びるときです。著者は，添削後（添削と行っても，生徒の間違い箇所に記号を書き込んだだけですが…），ミスのあった英文はもちろん，正しい英文も書き直しをさせて，1つの作品を作り上げるイメージで生徒に英作文を書かせています。

【時間的に余裕がある場合，素晴らしい作品を学級でシェア】

　生徒たちにとって，仲の良い生徒の英作文を見る機会はあっても，関わりのない生徒の英作文を見る機会はなかなかありません。教科書の進度の兼ね合いもありますが，時間的に余裕がある場合は何らかの方法を使い学級または学年で，英作文でシェアしましょう（事前に該当生徒に一言断っておく）。トップ3名程度の作品をパソコンで手打ちして配布しても良いですし，時間がない場合には作品そのままコピーという手もあるでしょう。素晴らしい英作文として紹介してもらった生徒は，きっとこれからの英語学習の励みになるでしょう。

Contents

Chapter2 2年生で基礎を固める テーマ別英作文ドリル&ワーク

Chapter3 3年生は結果にこだわる テーマ別英作文ドリル＆ワーク

Chapter 1

1年生からはじめる
テーマ別英作文
ドリル＆ワーク

1 自己紹介をしよう

❖ be 動詞・一般動詞 ❖

[標準実施時期] 5月〜6月

[単元の目標]

　be 動詞と一般動詞を使って，自分の名前や年齢，好きなことや毎日することなどの自己紹介を英語で書くことができる。

　著者はライティングの授業の様々な場面で，「書けば書くほど英作文の力が上がること」「間違えてもいいからどんどん作文すること」を話しているが，このトピックは中学生として初めての英作文であることを考慮し，自分の名前や年齢，好きなものやことなどを5文程度書くことができれば合格としている。生徒が初めて英作文した文章は，コンマが抜け落ちていたり，I（わたしは）が小文字で書かれていたり，ライティングとして不十分なものが多いが，とにかく書いて持ってきたことを大いにほめて，これからのライティング活動へのモチベーションを育てていく。

　しかしながら，定期テストなどの評価や復習をメインの目的とした場面では別である。自己紹介を英作文する授業から何週間も経過している定期テスト直前には，10文以上（できれば12文）を目標として書かせ，be 動詞・一般動詞を十分習得させたうえで定期テストに臨ませたい。もちろん，授業と評価の一体化という意味で，定期テストに自己紹介文を出題する。

　中学1年生の学級担任をしていた際には，学級の生徒全員の顔写真を撮り，その下に英語で自己紹介を書いてもらい，冊子にして学級文庫に置いておいたときもあった。別々の小学校から入学してきた生徒たちにとって，英語で自己紹介してある冊子を読みながら相互理解を深めていくことは楽しそうだった。また，1学期の保護者会の面談では，どうしても話が長くなり，次の保護者を待たせてしまいがちである。そんなときに英語の自己紹介を集めた冊子を保護者の待合室に置いておくことで，保護者の方々に子どもがどんな生徒たちと一緒に勉強しているか理解してもらえ，楽しんでもらえた。

＿＿＿＿＿ 右ページドリル解答 ＿＿＿＿＿

(1) I am Ito Kenta.

(2) I am from Tokyo.

(3) I like soccer.

(4) I like English very much.

(5) I study it every day.

(6) I don't like fish.

(7) I like music, too.

(8) I practice the piano at home.

(9) I am a member of the baseball club.

(10) I play baseball every day.

使える１文ドリル　自己紹介をしよう

Class (　　　　) No. (　　　　) Name (　　　　　　　　　　　　　)

＊英文の最初にくる単語もすべて小文字にしてあります。

(1) 私はイトウケンタです。【 am / Ito Kenta / I / . 】

(2) 私は東京出身です。【 from / am / Tokyo / I / . 】

(3) 私はサッカーが好きです。【 I / soccer / like / . 】

(4) 私は英語がとても好きです。【 much / like / very / I / English / . 】

(5) 私は毎日それを勉強します。【 study / every day / I / it / . 】

(6) 私は魚が好きではありません。【 fish / I / like / don't / . 】

(7) 私は音楽も好きです。【 like / too / I / music / , / . 】

(8) 私はピアノを家で練習します。【 practice / at home / I / the piano / . 】

(9) 私は野球部の一員です。【 a member of / I / the baseball club / am / . 】

(10) 私は毎日野球をします。【 every day / play / baseball / I / . 】

【１回目　　　／10問】　【２回目　　　／10問】　【３回目　　　／10問】

be 動詞・一般動詞 自己紹介をしよう

Class (　　) No. (　　) Name (　　　　　　　　　　　)

Good!! ⇧

Fantastic!! ⇧

Wonderful!! ⇧

Great!! ⇧

♪	like music
	好きなことを書いてみよう！

study math
勉強する教科を書こう！

年齢・出身・好きなことなどを書いたら, every day を英文の最後に付け加えて, I play soccer every day. など「毎日すること」を書いてみよう！

have（〜を飼っている）は, もう書きましたか？ don't を一般動詞の前に書いて, 否定文（〜しません）を書いてみるのもいいですね！

先生の添削を受けて, ここに書きなおしてみよう！

【評価のめやす】 3文でC, 6文・9文でB, 12文以上でA

I am Ryuto Yoshizawa.

I am twelve (years old).

I am from Fukui.

I like soccer very much.

I play soccer after school.

I am a member of the soccer club.

I like baseball, too.

I don't like natto.

I study English every day.

模範解答

　英語学習を始めて間もない生徒たちである。添削のポイントとして，まずは基本的な箇所から見ていく必要があるだろう。英文の最後にピリオドはあるか，「～も」を表す too の直前にコンマはあるか，アポストロフィの位置は正確かなど，細かくチェックする。できれば４線が引かれたワークシートで英作文させ，大文字・小文字の感覚に慣れさせる。

I'm Yuka Kato.

I'm thirteen years old.

I'm from Kyoto.

I have a dog.

I like dogs very much.

I play the piano.

I practice the piano at home.

I like piano.

I don't like fish.

生徒の解答例　Excellent!!

　左は英作文を良く書けている生徒の解答例である。be 動詞，like や play，practice，have といった一般動詞を多様に使用し，自己表現できている英作文といっていい。名詞（dog）の前の冠詞や複数形の s も忘れていない。１年生のこの時点でここまでライティングできる生徒は少ない。さらに表現豊かな英語を書けるように支援していく必要がある。

IamRyusukeYazawa.

I am **towelve**.

I'm **furomu fukui**.

I like **neko**.

I play soccer

I do**'nt** tennis.

I **am** like **base ball**.

よくある間違い例　Try Again!!

　左は英語初期学習者がよく間違える例である。①，単語間の間が狭く読みづらい。②と③，スペルミス。④，日本語をそのまま英単語にしてしまう。⑤，ピリオド忘れ。⑥，アポストロフィの位置ミス。⑦，語幹のミスと base と ball が離れている。

2 あなたの友だち（家族）は どんな人ですか

❖ 代名詞 ❖

［標準実施時期］ 6月〜7月

［単元の目標］

代名詞（主格・目的格）を使って，友だちや家族について英語で紹介文を書くことができる。

中学校での英語学習が始まって2ヵ月から3ヵ月ほどたち，一般動詞やbe動詞の使い方にも少しずつ慣れてきているころかもしれない。著者が指導する中学校では，英作文の練習をどんどんこなしてもらい，たくさんの練習と直しの繰り返しの中で，上達のイメージを持たせている。3年間を通して書き上げるトピックは数十個を超えるが，この時期あたりから多くの英文を書ききることに慣れさせていく。目標の英作文数を5文としていた時期もあったが，生徒のライティング力の低さを痛感して，現在は目標12文を目安として指導している。

さて，今回のトピックは中学校に入って2つ目のトピック「他己紹介」である。3ヵ月余りで学習した知識を総動員して，目標を目指して励ましながら書かせたい。まだまだピリオドを忘れていたり，スペルミス，大文字・小文字のミスをしたりすることはあるかもしれない。しかし，そういった「ミス」に関しては，書き直しを必ずさせることで生徒はその「ミス」に対して意識的になり，減っていくだろう（著者の指導しているクラスでは，添削をされたライティングを，時間をおいて隣のページに「清書」させている）。ただ，この時点で最も怖いのは，生徒が簡単な語順を理解できていないことである。例えば「彼はとても背が高いです」を"He tall very." と書いてしまうのがこれにあたる。こういった「エラー」をしてしまう生徒を見逃したり指導を怠ったりすると，今後2年以上ある英語学習に支障をきたすので，音読や視写，音読筆写などの活動をして十分に習熟させておきたい。

右ページドリル解答

(1) This is my friend, Ken.

(2) This is my family, Akiko.

(3) He is a member of the tennis club.

(4) She is very tall.

(5) His favorite sport is baseball.

(6) Her favorite subject is music.

(7) He is nice and kind.

(8) She is fifteen years old.

(9) He is from Harue elementary school.

(10) His tennis racket is new.

あなたの友だち（家族）はどんな人ですか

Class (　　　　) No. (　　　　) Name (　　　　　　　　　　　　)

＊英文の最初にくる単語もすべて小文字にしてあります。

(1) こちらは私の友達のケンです。　【 Ken / my / is / friend / this / , / . 】

(2) こちらは私の家族の明子です。　【 family / is / my / this / Akiko / , / . 】

(3) 彼はテニス部の一員です。　【 of / is / he / the tennis club / a member / . 】

(4) 彼女はとても背が高いです。　【 she / very / tall / is / . 】

(5) 彼の大好きなスポーツは，野球です。　【 is / sport / his favorite / baseball / . 】

(6) 彼女の大好きな教科は音楽です。　【 subject / music / favorite / is / her / . 】

(7) 彼は素敵で親切です。　【 and / he / kind / nice / is / . 】

(8) 彼女は15歳です。　【 old / fifteen / she / years / is / . 】

(9) 彼は春江小学校出身です。　【 Elementary School / from / he / is / Harue / . 】

(10) 彼のテニスラケットは新しいです。　【 racket / new / tennis / is / his / . 】

【1回目　　／10問】　【2回目　　／10問】　【3回目　　／10問】

あなたの友だち（家族）は どんな人ですか

Class (　　　　) No. (　　　　) Name (　　　　　　　　　　　)

This is

_____

_____

_____

Good!! ⬆

紹介する人の出身地を書こう！

_____

_____

_____

Fantastic!! ⬆

in the ○○ club.

入部している部活を書こう！

_____

_____

_____

Wonderful!! ⬆

出身地・年齢・部活動などは書けましたか？　次に，男性なら **His favorite**，女性なら **Her favorite** を使って，その人の大好きなものを紹介しよう！

_____

_____

_____

Great!! ⬆

紹介する人を，形容詞（kind, nece, interesting, cool など）を使って紹介しましたか？ and を使って2つ並べても OK ですよ！

先生の添削を受けて，ここに書きなおしてみよう！

_____

_____

_____

【評価のめやす】3文でC，6文・9文でB，12文以上でA

1年

2年

3年

模範解答

This is my friend, Miho.
She is thirteen years old.
She is from Nakaku.
She is kind and nice.
Her favorite subject is English.
Her favorite sport is tennis.
She is in the tennis club.
I like Miho very much.

　前回のトピック同様，英作文を書いていく上での細かなルール（コンマ・ピリオド・アポストロフィ・大文字小文字）をまずは徹底して添削する（その後，隣のページなどに必ず正しい英文を書き直しさせる）。教師にとって，生徒が育つまでの添削はかなり負担になるが，学習初期の指導を怠らなければ，生徒は必ず伸びる。根気よく指導・添削したい。

生徒の解答例　Excellent!!

This is my family, Kenji.
He is from Maruoka.
He is eighteen years old.
He is in Sakai high school.
He is in the baseball club.
Kenji and I play baseball on Sundays.
He is very tall.
His favorite food is pizza.
I like Kenji very much.

　左の生徒のライティングの6文目を見てほしい。三単現のsは未習だが，2人で一緒に野球を楽しんでいる様子を見事に英作文できている。曜日のあとに付けるsも理解できており，兄のKenjiを慕っている様子が分かる素晴らしいライティングであると言える。

よくある間違い例　Try Again!!

This is my friend ǐuji.
He's favorite subject is Japanese.
He is favorite sport is soccer.
I ̰very̰ like ǐuji
Hes a member of the soccer club.
He's thirteen.
He is from Awara.
he is kind and cool.

　この時期の多いミスの1つとして，左の生徒のライティング2文目の"He's"である。"Hes"や"Hi's"といったミスも見受けられる。教師の導入での"His favorite ～"を"He is"や"He's"と聞き間違えたことやhisの意味を習熟できていないことが原因として考えられる。まだ代名詞を一覧表で学習していないので，自然なミスといえる。丁寧に指導しよう。

3 あなたの友だち（家族）を紹介しよう

❖ 三人称単数現在形 ❖

[標準実施時期] 9月～10月

[単元の目標]

三人称単数現在形の s を使って，友だちや家族について英語で紹介文を書くことができる。

中学校に入り，本格的に英語学習を始めてから半年もすると，使える一般動詞が増え，三人称単数現在形の s を使って他己紹介が可能になる。芸能人や有名人の写真などを使って，教師が英語でスピーチする形の導入がポピュラーだが，生徒にとってはどうしてもリアリティに欠ける。そこで，「Who is he/she?」と銘打って，そのクラスの担任の先生や校長先生，部活動の顧問の先生などを英語で紹介する。クイズ形式で出題しながら，三人称単数現在形の s がついた一般動詞を生徒に何度も聴かせて導入したい。

また，一般動詞に s をつける方法もしっかり指導したうえで英作文に入る必要があると考えている。たいていの一般動詞に関しては単に s をつけるだけで事足りるが（use - uses, like – likes など），例外的な形として「動詞の最後が子音プラス y の場合」と「動詞の最後の部分が sh, ch, s, o, x で終わる場合（筆者は "シチューソックス" と語呂合わせで覚えさせている）」は，単に s をつけるだけではいけないことを，何度も練習させて習得させたい。

そして，教科書の進度に余裕がなくなってくると指導を省いてしまいがちなのが，一般動詞に s をつけた部分の発音である。plays や lives などの「有声音の s」・likes や speaks などの「無声音の s」・teaches や washes などの「イーズという発音の es」・wants などの「ツ」というパターンを，「なぜそう発音するのか」を指導して発音練習させる。今後の音読活動やスピーチなど様々なアウトプット活動を考えると，この指導は絶対に必要である。

右ページドリル解答

(1) This is my friend, Yuki.

(2) This is my brother, Yuji.

(3) He is fifteen years old.

(4) He plays soccer after school.

(5) She likes music very much.

(6) His favorite subject is English.

(7) She speaks English very well.

(8) He wants a new soccer ball.

(9) She is a member of the judo club.

(10) He likes English, but he doesn't like math.

使える1文ドリル　あなたの友だち（家族）を紹介しよう

Class (　　　　　) No. (　　　　　) Name (　　　　　　　　　　　　　　　)

＊英文の最初にくる単語もすべて小文字にしてあります。

(1) こちらは私の友達の「ユキ」です。 【 friend / is / this / my / Yuki / , / . 】

(2) こちらは私の兄（弟）の「ゆうじ」です。 【 Yuji / is / my / this / brother / , / . 】

(3) 彼は，15歳です。 【 old / he / years / is / fifteen / . 】

(4) 彼は放課後，サッカーをします。 【 after / he / soccer / plays / school / . 】

(5) 彼女は音楽がとても好きです。 【 much / likes / very / music / she / . 】

(6) 彼の大好きな教科は，英語です。 【 subject / English / is / favorite / . 】

His

(7) 彼女は，上手に英語を話します。 【 very / speaks / English / she / well / . 】

(8) 彼は，新しいサッカーボールが欲しいです。 【 new / a / soccer / wants / he / ball / . 】

(9) 彼女は，柔道部の一員です。 【the judo club / member / is / a / of / she / . 】

(10) 彼は英語が好きですが，彼は数学が好きではありません。

　【 math / he / like / doesn't / likes / English / but / he / , / . 】

【1回目　　　／10問】　【2回目　　　／10問】　【3回目　　　／10問】

あなたの友だち（家族）を紹介しよう

Class (   ) No. (   ) Name (   )

like soccer

好きなことを書こう！

Good!!

He is from Tokyo.

地名の頭文字は大文字で！

Fantastic!!

before dinner や after dinner を付け加えて，夕食前・夕食後にすることも加えて書いてみよう！　三単現の s も忘れずに。

Wonderful!!

want（～が欲しい）や practice（～を練習する）という一般動詞を使って，さらに詳しく友だち・家族を紹介しよう！

Great!!

先生の添削を受けて，ここに書きなおしてみよう！

【評価のめやす】3文でC，6文・9文でB，12文以上でA

模範解答

This is my friend, Takashi.

He is thirteen years old.

He is from Sakai.

He practices tennis every day.

He plays tennis well.

He wants a new racket.

His favorite subject is science.

He doesn't like math, but he likes English.

He studies English every day.

　一般動詞を使った英文の場合，正しく動詞に s または es がつけられているかどうかが添削のポイントである。特に study に s をつける場合を注意させたい。また，否定文も入っていると，表現の幅が広がり，ポイントが高い。

生徒の解答例　Excellent!!

This is my brother, Takuya.

He is fifteen years old.

He is a member of the soccer club.

He likes soccer very much.

He wants a new soccer ball.

He studies science every day.

He likes science, but he doesn't like math.

He watches TV after dinner.

He goes to bed at eleven.

　左の生徒の解答は，一般動詞だけではなく，前回学習した be 動詞も使用している。三人称単数現在形を学習したパートだからと言って，そればっかりである必要はなく，相手のことを本当に紹介したい英文を書いたら，たまたま be 動詞を使う英文だったということ。また，3文目から5文目までサッカーの話題を続けている点も Good。

よくある間違い例　Try Again!!

This is my friend, Koji.

He **is play** tennis.

He **play** soccer.

He **watchs** TV after dinner.

He is a member of the soccer club.

He **studys** math every day.

He **don't** stud**ys** science.

He likes Honda Keisuke.

I like **he** very much.

　この時期には，be 動詞と一般動詞が英文中のどこにあるのか探させる活動を多く取り入れ，それらの違いをはっきりさせておきたい。2文目のようなエラーは決して起きないように，この時点で「1文の中に動詞は1つ」であることを強調しておきたい。また，先ほどの英文とは違い，サッカーの話題があちこちで出てきていることも注意する。

4 あなたの学校を英語で紹介しよう

❖ 紹介するときの表現 ❖

[標準実施時期] 11月

[単元の目標]

自分の学校についての情報（創立・生徒数・教員数・住所・学校行事など）を英作文できる。

　生徒の中学校を英語で紹介するトピックである。毎日何気なく登校している中学校であるが，先生の数や創立は意外と知らない生徒が多い（創立については，異動してこられたばかりの先生方はご存じない方も多いと思う）。生徒の中学校を英語で紹介する英作文を課すことで，「years old で創立を表現する」ということや，住所を表現するときはできるだけ小さい規模（市や町の名前）から書き最後に Japan と書くこと，生徒や先生の正確な数を知らなくても「だいたい・約」という意味の about を使えば表現できること，kind, nice, interesting などの形容詞，学校行事を英語で何と表現するか（体育祭は sports day・合唱祭は chorus contest など）を指導していく。

　このトピックを扱った後，私の受け持っているクラスの生徒のトップ4を選び，実際に学校の HP に英作文を載せさせてもらったときがあった。現在，日本中ほとんどすべての中学校に HP があると思うが，いい英作文は HP に実際に載せると事前に生徒に伝えることも，英作文を書いていくモチベーションになるだろう。

右ページドリル解答

(1) Our school is Higashi junior high school.　(2) Our school is in Midori city, Japan.

(3) It is 10 years old.　　　　　　　　　　　(4) Our school is new and beautiful.

(5) Our school has about 100 students and 15 teachers.

(6) Their classes are very interesting.　　　(7) Students in our school are nice and kind.

(8) Many students enjoy school festival and sports day every year.

(9) We love our school.

使える1文ドリル　あなたの学校を英語で紹介しよう

Class (　　　) No. (　　　) Name (　　　　　　　　　　　　　　)

＊英文の最初にくる単語もすべて小文字にしてあります。

(1) 私たちの学校は東中学校です。【 Higashi / junior high school / school / is / our / . 】

(2) 私たちの学校は日本の緑市にあります。【 Japan / city / in / school / Midori / is / our / , / . 】

(3) それは創立10年です。【 years / 10 / old / is / it / . 】 ＊創立は years old で表現しよう！

(4) 私たちの学校は新しく，美しいです。【 and / school / beautiful / new / is / our / . 】

(5) 私たちの学校にはだいたい100人の生徒と15人の先生がいます。
【 15 teachers / about / and / school / 100 students / has / our / . 】

(6) 彼らの授業はとても面白いです。【 interesting / are / their / very / classes / . 】

(7) 私たちの学校の生徒は素敵で親切です。＊「親切な」は "kind" です。
【 are / in / our school / kind / and / nice / students / . 】

(8) 多くの生徒が毎年文化祭と運動会を楽しみます。
【 every year / enjoy / and / school festival / many students / sports day / . 】

(9) 私たちは自分たちの学校が大好きです。【 our / love / school / we / . 】

【1回目　　／9問】　【2回目　　／9問】　【3回目　　／9問】

あなたの学校を英語で紹介しよう

Class (　　　　) No. (　　　　) Name (　　　　　　　　　　　　　　)

Good!! ⬆

in Sakai City, Japan.

学校の所在地を書こう！

Fantastic!! ⬆

350 students

have で生徒数を書こう！

have を使って，生徒数と先生の数は書けましたか？　次は，years old を使って，「私たちの学校は，創立〇〇年です」と書いてみよう！

Wonderful!! ⬆

最後は学校行事について書いてみよう！　We から始めて，「私たちは運動会（sports day）を楽しみます」などと書けば，完成！

Great!! ⬆

先生の添削を受けて，ここに書きなおしてみよう！

【評価のめやす】3文でC，6文・9文でB，12文以上でA

模範解答

Our school is Kita junior high school.
Our school is in Midori city, Japan.
It is 10 years old.
Our school is new and beautiful.
We have 341 students and 22 teachers.
Their classes are very interesting.
I like their classes very much.
We enjoy sports day every year.
We love our school.

　添削のポイントとしては，be 動詞・一般動詞，どちらも使用されているかどうか。また，簡単にでもよいので学校に対する自分の思いが表現されているかである。模範解答のように，学校行事にも触れることができたら，さらによい英作文と言える。

生徒の解答例　Excellent!!

Our school is Awara junior high school.
Our school is in Awara city, Japan.
It is about 50 years old.
Our school is not new, but beautiful.
We have about 300 students and
30 teachers.
I like them very much.
The classes are very interesting.
I like English class.
We enjoy school festival day every year.

　創立や生徒数・教員数があいまいな場合は，左の解答例のように about を使用するのも OK。むしろ，正確な数字を調べないほうが about の用法を学べてよいかもしれない。学校行事についても書かれていてよい英作文になっている。代表的な学校行事を英語で何というか，教科書の巻末などを利用して提示してあげる必要があるだろう。

よくある間違い例　Try Again!!

My school is Higashi junior high school.
My school is Mori city, Japan.
My school is about 30 years old.
My school **have** 300 **student**.
My school **have** 20 **teacher**.
I like my school.
I like sports day.

　この時期になると，様々な単語を主語として扱えるようになる。それにもかかわらず，左の解答のように My school を連発しているのは少々子供じみた印象になる。また，同じ「s」でもその意味・用法が異なる三単現と複数形の s の理解が進んでいるかも，生徒のライティングから読み取ることができる。

5 ✎ 写真や絵の状況を説明しよう

❖ 現在進行形 ❖

[標準実施時期] 11月〜12月

[単元の目標]

写真や絵を見て，誰が何をしている場面か，現在進行形を使って英作文できる。

　写真や絵（イラストなど）を見て現在進行形で表現するという活動である。この英作文のトピックを宿題として課す前に，授業の最初を使って何度も "Picture Describe" という活動を行う。生徒全員を立たせ，教科書や英語検定の写真を使って "Who is he?" や "What's this?"，"What is he doing?" など今まで学習した文法事項を使いながら，Question をどんどん出題する。正しく答えることができないと生徒たちは座ることができないので，必死で考えて何度も手を挙げて答えようとする。ここで妥協してはいけないのが，冠詞や複数形などの細かなミスである。こういった細かなミスも許さず，正確な解答を求め続けることで，生徒たちの Accuracy は上がる。この活動を終えるには，かなり時間が必要だが，根気よく何度も続けていくべき活動であり，生徒たちにやり方が浸透すれば力がつく。

　この活動を紹介すると先生方から質問されるのが，「早く座れた（解答できた）生徒への対応」である。私はこの活動をする前に生徒たちに「早く座れたあなたへ…」ということで，やっていいことを2つ提示している。1つ目は周りの生徒への手助けである。教室に Fast Learner がいる一方，Slow Learner も確実に存在するし，この時期には生徒間でかなり学力差があるだろう。そこで早く座れた生徒には「ヒントを与える」手助けを認めている。決して答えは教えずに，ヒントを与えることで Slow Learner にも学習の保障をする。2つ目に提示されている写真や絵について，専用のノートにどんどん英作文することである。「復習ノート」というノートを作成し，毎週提出する宿題として課しているが，そのノートに写真から読み取れる情報をどんどん書かせる。こうして，無駄な時間を作らせないようにしている。

　　右ページドリル解答

(1) I am studying English now.　　(2) I am playing tennis with my brother.

(3) Ken is taking pictures.　　(4) Miho is listening to music in the park.

(5) Kenta is drinking water now.　　(6) Tom and Kenji are playing soccer.

(7) Miho and Yuka are talking.　　(8) Judy is listening to music with Yumi.

(9) Ken is reading a book in the park now.　(10) Deepa is running with Miho in the park.

使える１文ドリル　写真や絵の状況を説明しよう

Class (　　　　) No. (　　　　) Name (　　　　　　　　　　　　　　)

＊英文の最初にくる単語もすべて小文字にしてあります。

(1) 私は今，英語を勉強しています。【 English / am / now / studying / I / . 】

(2) 私は弟とテニスをしています。【 tennis / am / with my brother / playing / I / . 】

(3) ケンは写真を撮っています。【 pictures / is / taking / Ken / . 】

(4) ミホは公園で音楽を聴いています。【 in the park / to / is / listening / music / Miho / . 】

(5) ケンタは今，水を飲んでいます。【 drinking / now / is / water / Kenta / . 】

(6) トムとケンジはサッカーをしています。【 playing / are / soccer / Tom and Kenji / . 】

(7) ミホとユカはおしゃべりしています。【 are / and / Miho / talking / Yuka / . 】

(8) ジュディはユミと音楽を聴いています。【 music / is / Judy / listening to / with Yumi / . 】

(9) ケンは今，公園で本を読んでいます。【 now / a book / is / in the park / reading / Ken / . 】

(10) ディーパはミホと公園で走っています。
【 in the park / with / is / Miho / Deepa / running / . 】

【１回目　　／10問】　【２回目　　／10問】　【３回目　　／10問】

　　写真や絵の状況を説明しよう

Class (　　　) No. (　　　) Name (　　　　　　　　　　　)

＊写真を撮る＝ take pictures

_____

_____

Fantastic!! ⬆

_____

_____

Wonderful!! ⬆

_____

_____

Great!! ⬆

【評価のめやす】 ３文でＢ，６文でＡ，９文でＳ

模範解答

Tom and Kenta are playing soccer.

Miho is reading a book.

Yuji is running.

Hikaru is listening to music.

Yuka is drinking water.

Judy and Yumi are playing volleyball.

Kota is walking.

Saki and Becky are talking.

Ken is taking pictures.

現在進行形を指導していくうえで，be 動詞の理解は必ず問われることになる。どういった場合に is で，どういった場合に are を書くべきなのか，忘れている生徒は多い。複数形の s も抜け落ちないように，こだわって指導したい。

生徒の解答例　Excellent!!

Tom is playing soccer with Kenta.

Miho is reading a book.

Yuji is running.

Hikaru is listening to music.

Yuka is drinking water.

Judy is playing volleyball with Yumi.

Kota is walking.

Saki is talking with Becky.

Ken is taking pictures.

最後に with ＋人を付け加えることで，複数で行っていることも描写できるようになる。be 動詞の理解は今後もちろん必要であるが，こういった緊急対応も可能である。また，run や get などの最後のアルファベットを重ねて ing 形にする一般動詞も，中学校段階ではあまり数が多くないので，一気に覚えてしまうよう指導する。

よくある間違い例　Try Again!!

Tom and Kenta **is** playing soccer.

Miho˅reading˅book.

Yuji is **runing**.

Hikaru˅listening to music.

Yuka˅drinking water.

Judy and Yumi **is** playing volleyball.

Kota **are** walking.

Saki and Becky are talking.

Ken is taking pictures.

主語の次は必ず be 動詞または一般動詞だった 1 年生にとって，主語の次に be 動詞と一般動詞（ing 形ではあるが…）があることは少し違和感を感じるだろう。しかしながら，口頭練習や筆写などをきちんと行うことで，生徒のミスは減っていくので粘り強く指導する。また，be 動詞の is/are の違いも意外と習熟が遅い。「単数 is，複数 are」と何度も呪文のように唱えて習熟させている。

Q＆A（英問英答）に
正しく解答するための授業をしよう

　英語の学習を始めてから8か月もすると，生徒たちは be 動詞・一般動詞・三単現の s・現在進行形を学習し，英語表現の幅が広がることで様々なことを英語で書けるようになる。日本語と英語の語順の違いを理解できるようになるのもこの時期で，基本的には「誰が（は）→どうする→何を→どのように→どこで→いつ」の順番で英単語を並べていくことを指導していきたい。

　さて，英語の語順をしっかりと意識できる英作文のテーマが「１日の生活」である。中学生自身の典型的な１日の流れを英作文課題とし，クラスの実態に合わせて簡単な英文でもいいので「3文以上」「5文以上」「10文以上」などと目標を設定してライティング活動をさせる。

　しかしながら，「１日の生活」がいくら頻出の課題といっても，いきなり授業で「自分の生活について○文以上の英作文をしてみよう」と課題設定しても，それをこなせるのは Fast Learner だけではないだろうか。そこで，著者は，「１日の生活」に関するライティング活動に入る前に，それに関するQ＆Aの時間をしっかりと取り，習得させ，後のライティング活動のスモールステップとしている。ここでは，「１日の生活」に関するライティングに入る前に著者が指導しているQ＆A活動を紹介する。

【生活】に関する代表的な質問例

- ・What time do you get up? － I get up at six. など
  - ＊時間を表現するときの "at" が抜ける生徒が多いので注意する。
- ・What do you have for breakfast? － I have rice and miso soup.
  - ＊ for breakfast で「朝食に」という意味であることを指導する。
- ・How do you come to school? － I come to school by bus. など
  - ＊ I come to school by walk. という誤答が多い。正しくは I walk to school.
- ・How many classes do you have on Monday? － I have six classes on Monday.
  - ＊ How many の後は複数形であることに注意。複数形で es が付く形も復習するとよい。
- ・What do you do after school? － I play soccer after school. など
  - ＊放課後のクラブ活動を英語でどう表現するか，これを機に復習するとよい。
- ・What do you do after dinner? － I do my homework. など
  - ＊ homework の一般動詞は "do" であること，home work とならないよう指導したい。
- ・What time do you go to bed? － I go to bed at (about) eleven. など
  - ＊「だいたい」という意味での about をここでも指導したい。

指導ポイント ① 疑問詞をしっかりと復習しておく

　Q&A の活動をしていく上で，What や How などの疑問詞の意味・用法の理解が不十分だと活動に入ることができない。What は教科書で最初に出てくる疑問詞なので習得率は高いが，How の意味がなかなか定着しない。How is the weather? など例文を交えながら意味・用法の確認をしてから活動に入るべきである。

指導ポイント ② Q の動詞をそのまま A で「返す」

　英問英答の中で，質問中の一般動詞と同じ動詞を答えの中で使用することを伝えると，理解が進む（著者は「返し」とか「返す」と呼んでいる）。「～をする」という do の場合は例外として，基本的には同じ一般動詞で回答することを指導しておきたい。また，homework の動詞は do であるが，教科を「勉強する」という意味では study を使用するということから，それぞれの動詞に適切な目的語がある（著者は授業中，「仲の良い組み合わせ」と生徒に伝えている）ことにも気づかせたい。

指導ポイント ③ 60秒トライアルに挑戦

　ここまで指導したら，あとは練習あるのみ。10個の質問を一覧でワークシートにして，ペアで質問をさせる。著者は1問6秒で計算し，10個の質問を1分以内に終わらせることを目標に何度も練習させ，習得させる。時間を設定することで俄然やる気に火がつき，タイマー音と同時に「えー！？　もう終わり！？」とか「よし！　前回より答えられた数が2つ増えたぞ！」とか言う声があがるようになれば，しめたもの。「英語は技能教科。スポーツと同じで練習すればするほど上手になる」ということも日々，生徒に伝えていきたい。

6 1日の生活を紹介しよう

❖ 語順 ❖

[標準実施時期] 12月

[単元の目標]

英語の語順を意識しながら，朝起きてから寝るまでについての1日の生活を時系列で英作文できる。

p.32-33でお伝えした通り，このトピックに関しては，復習と動詞の「返し」，60秒トライアルのタイムアタックがカギを握っている。著者は前述の内容を1時間かけて行い，しっかりと復習したうえで，次時の活動として生徒に英作文させることにしている。

導入では，「What time do you get up?」「What time do you leave home?」「What do you study every day?」「What do you do after school?」「What time do you go to bed?」の5つの質問をして，基本的には質問の一般動詞はそのまま答えでも使用する「返し」を意識して生徒に答えを書かせる。この5つの質問の答えを英作文するだけで，生徒の1日の生活の英作文ができあがるからである。気づかぬうちに生徒たちは1日の生活の英作文をしていたことを知る。そして，この5つの英作文を基準として，時系列的な「間」に作文を加えていくことで，目標である「12文以上の英作文」に向けてライティングを続ける。

英作文の基本である「語順」を意識できるようになるのもこのころである。英語の語順パターンはいくつもあるが，基本中の基本の語順である「誰が（は）→どうする→何を→どのように→どこで→いつ（→なぜ）」をまずはしっかりと習得させる（＊「なぜ」の部分は2年生）。

発展的な活動も紹介する。生徒たちが自分の1日の生活を英作文できるようになったら，ペアに英語で1日の生活について英語で質問して，ペアの生徒の1日の生活を紹介する英作文を書けるようなワークシートを作成するとよい（＊著者は時間が余ったら行っている。なかなか時間を生み出せないけれど…）。He/She で書き始めることで，三人称単数現在形の s の復習になり，スピーキングの活動にもなるので，生徒の力を伸ばす有効な活動になる。

┌─ 右ページドリル解答 ─┐

(1) I get up at six every morning.　(2) I leave home at about seven fifteen.

(3) I go to school by bus.　(4) I walk to school every morning.

(5) I get to school at eight.

(6) We have lunch with our friends at twelve forty five.

(7) I talk with my friends after lunch.　(8) I usually watch TV after dinner.

(9) I go to bed at about ten.

使える1文ドリル　1日の生活を紹介しよう

Class (　　　　) No. (　　　　) Name (　　　　　　　　　　　　　　　)

＊英文の最初にくる単語もすべて小文字にしてあります。

(1) 私は毎朝6時に起きます。 【 every / up / morning / six / at / I / get / . 】

(2) 私はだいたい7時15分に家を出ます。 【 seven / I / about / home / at / leave / fifteen / . 】

(3) 私はバスで学校へ行きます。 【 bus / I / by / to / school / go / . 】

(4) 私は毎朝歩いて学校へ行きます。 【 morning / school / I / to / every / walk / . 】

(5) 私は8時に学校に着きます。 【 at / to / I / school / get / eight / . 】

(6) 私たちは12時45分に友達と昼食を食べます。 ＊「いつ」の情報は最後に書こう！
【 twelve / our friends / at / have / with / lunch / we / forty five / . 】

(7) 私は昼食後友達と話します。 【 friends / with / my / talk / after / I / lunch / . 】

(8) 私はたいてい夕食後にテレビをみます。 ＊「たいてい」を意味する "usually" は一般動詞の前へ！
【 after / TV / I / watch / dinner / usually / . 】

(9) 私はだいたい10時30分に寝床につきます。 【 about / bed / ten / to / I / at / go / . 】

【1回目　　　／9問】 【2回目　　　／9問】 【3回目　　　／9問】

1日の生活を紹介しよう

Class (　　　　) No. (　　　　) Name (　　　　　　　　　　　　　　)

Good!! ⬆

Fantastic!! ⬆

Wonderful!! ⬆

Great!! ⬆

walk to school
通学方法を書こう！

get to school at 時間
学校到着時間を書こう！

at を使って，朝から時間の流れで英作文できていますか？ 放課後（after school）することも書いてみよう！ every day も忘れずに。

夕食前や夕食後にすることを書いたら，最後は寝る時間を書いて終わり！ 決まってない場合は at の後に about（だいたい）を使おう。

先生の添削を受けて，ここに書きなおしてみよう！

【評価のめやす】3文でC，6文・9文でB，12文以上でA

模範解答

I get up at about six every morning.

I leave home at seven thirty.

I walk to school.

I get to school at seven fifty.

I have lunch with my friends.

I talk with my friends after lunch.

I play softball after school.

I usually do my homework after dinner.

I go to bed at about eleven.

　トピックは「1日の生活」であるので，生徒のライティングは生活の順を追った時系列になっているほうが良い。また，1日の生活を紹介するということであるので，このトピックに関しては主語が「I」ばかりになってもOKとする。多様な動詞を使えるチャンスである。get to や get up, go to bed などのフレーズを押さえておきたい。

生徒の解答例　Excellent!!

I get up at about six thirty.

I enjoy breakfast with my family.

I leave home at seven.

I come to school by bus.

I get to school at seven thirty.

I have lunch with my friend, Tomoko.

I enjoy it every day.

I play volleyball after school.

It is not easy, but interesting.

　左の生徒の解答例を見ていただくと，単に「いつ何をします」という単調な分の繰り返しだけではなく，6文目・7文目で昼食について，一緒に食べる生徒と毎日楽しんでいるということを簡単に紹介している。こういった文と文のつながりを意識したライティングも大切で，これから指導していく必要がある。

よくある間違い例　Try Again!!

I **am** get up 6.

I play soccer after school.

I **come to school by walk**.

I like my school.

I have lunch˅twelve thirty.

I like˅**friend**.

I **study**˅homework before dinner.

I watch TV after dinner.

I **sleep**˅eleven.

　英語のライティング力がまだついていない生徒で，このトピックで最も多いミスは時間を表現するときの "at" が抜けているミスである。「時間をいうときは at」と指導するが，at を日本語にしにくいせいか，よく生徒は忘れてしまう。次に多いのが "come to school by walk" である。通学手段が徒歩の場合の言い方も指導したい。

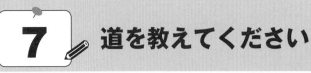

7 道を教えてください

❀ 道案内をするときの表現 ❀

[標準実施時期] 12月

[単元の目標]

道案内するときの英語を使い，尋ねられた道順を英作文できる。

　道案内のトピックである。ある学校に赴任した１年目の年は，私が「学校の周りの施設や駅など」と知らないという設定（本来はもちろん知っているが，授業では秘密にしておいた）で，生徒に道案内を英語でさせて導入した。もちろん，教室の外に出て案内してもらうわけにはいかないので，iPad のマップアプリを使って（その学校は本当に充実しており，無線で iPad 画面をテレビに映し出せた）テレビ画面にストリートビューを映し出して英語を引き出していった。小学校の外国語活動でここで使用される表現に一度触れているらしく，かなり多くの生徒から "Go down!" や "Turn left!!" など，自然に英語が出てきた。

（右ページドリル解答）

(1) Excuse me.

(2) I am looking for City Hospital.

(3) Go down this street.

(4) Turn right at the first traffic light.

(5) Turn right at the second traffic light.

(6) Turn left at the third traffic light.

(7) You can see it on your right.

(8) You can see it on your left.

(9) It is by Higashi Park.

(10) It is by the library.

使える1文ドリル　道を教えてください

Class (　　　) No. (　　　) Name (　　　　　　　　　　　　)

(1) ちょっとすみません。（話しかけるとき）　【 me / excuse / . 】

(2) 私は市立病院（City Hospital）を探しています。　【 for / I / looking / am / City Hospital / . 】

(3) この道に沿ってまっすぐ行ってください。　【 down / this street / go / . 】

(4) 1番目の信号を右に曲がってください。　【 the first traffic light / right / at / turn / . 】

(5) 2番目の信号を右に曲がってください。　【 at / turn / the second traffic light / right / . 】

(6) 3番目の信号を左に曲がってください。　【 at / left / the third traffic light / turn / . 】

(7) 右手に見えてきます。　【 your right / it / can / on / see / you / . 】

(8) 左手に見えてきます。　【 on / see / you / can / your left / it / . 】

(9) それは，東公園の近くです。　【 Higashi Park / is / by / it / . 】

(10) それは図書館の近くです。　【 the library / is / it / by / . 】

【1回目　　　／10問】　【2回目　　　／10問】　【3回目　　　／10問】

道を教えてください

Class (　　　) No. (　　　) Name (　　　　　　　　　　　)

上の地図を見て，男性に英語で道案内しよう！

①男性

Excuse me. I'm looking for the library.

②あなた

Fantastic!!

①男性

Excuse me. I'm looking for Awara junior high school.

②あなた

Wonderful!!

①男性

Excuse me. I'm looking for the post office.

②あなた

Great!!

【評価のめやす】2文でB，4文でA，6文でS

模範解答と生徒が忘れている単語について

【Library までの道案内スキット】

Excuse me.

I'm looking for the library.

Go down this street.

Turn right at the second traffic light.

You can see it on your left.

　このトピックで生徒に復習させたいのは，序数である。1年生の後半に当たるこの時期になっても，どういった場合に序数になるのか理解していない生徒はいる。前後との位置関係による数字で，「○○番目」となるときに使用することを説明したい。

模範解答と発音指導について①

【Awara JHS までの道案内スキット】

Excuse me.

I'm looking for Awara junior high school.

Go down this street.

Turn right at the first traffic light.

You can see it on your left.

It is by a bookstore.

　私は発音指導には1年生の4月から徹底してこだわっている。このトピックで発音指導をしておきたいのは，やはり "right" と "light" だろう。特に，日本語にはない音の1つである "r" の練習をしっかり行う。この1つの音を習得できると，不思議と音読がかなり英語らしくなる。妥協せずに，多くの生徒に身につけさせたい発音である。

模範解答と発音指導について②

【Post Office までの道案内スキット】

Excuse me.

I'm looking for the post office.

Go down this street.

Turn left at the first traffic light.

You can see it on your right.

It is by a department store.

　これまで多くの生徒の音読を指導したが，中学生にとって，発音指導が特に必要な発音ランキングは1位 th，2位 f と v，3位 r だろうと勝手に思っている（生徒にも重点的に指導している）。この4つの音を身につけられれば，かなり英語らしい音読やスピーチができる。ぜひ，恥ずかしがらずに英語らしい発音ができる中学生を育てたい。

8 外国人が日本を訪れるとしたら どこがいいですか

❖ 助動詞（can） ❖

[標準実施時期] 12月～1月

[単元の目標]

　助動詞 can を使って，日本全国の観光地を紹介し，そこでできることや見たり体験したりすることができるものを英作文できる。

　小学校英語が導入されつつある現在，助動詞の can については小学校時に「聞くこと」「話すこと」で慣れ親しんでいる単語だろう。can という英単語が「～することができる」という意味であるということはほとんどすべての生徒が知っているという前提で，その意味の確認は短時間で構わないだろう。そういった意味では，生徒にとっては習得が早い英単語といえる。その代わり，疑問文や否定文の口頭練習の時間を多く確保し，can の次の動詞は原形であることを習熟させ，助動詞 can を使った英作文の時間を多く取りたい。

　また，「助動詞」という言葉自体については習熟が進んだ後に導入し，定着を促している。英語の学習はこの後，２年間（以上）続く。「助動詞」という言葉を知っていることで，２年生で学習する「will」や「must」などの定着は早くなる。「will や must の後ろは動詞の原形で…」と助動詞が出てくるたびに説明するよりも，「will や must は can と同じ仲間である助動詞だよ」と説明するほうが，教師の負担も少なく済むし，生徒たちの頭の中の整理整頓が進む。

　さて，導入の授業では著者の得意スポーツであるテニスのラケットや剣玉などを教室に持ち込み，can を何度も聴かせる。さらに，テレビに学校中の先生の顔写真を映し出し，先生方ができることを紹介しながら can を聞かせていく。その中で生徒と対話しながら疑問文を使用するのも効果的だろう。その後，テニスやサッカーの絵や難読字が書かれた16マスのビンゴを用意する。生徒たちはこれまでに何度も can の肯定文や疑問文を聴いているので，特に文法的な説明なしにビンゴ活動に入れるだろう。can の後は動詞の原形であることなどの説明は次に回して，何度も can を聞かせて，疑問文で発話させることを目標として導入の授業とする。

右ページドリル解答

(1) Tokyo is a good city in Japan.　(2) Kyoto is a good city in Japan.

(3) Many people go there every year.　(4) Tokyo has a lot of shops.

(5) You can go shopping with your friends in Tokyo.

(6) You can see traditional buildings in Kyoto.　(7) They are very beautiful.

(8) We have much nature in Japan.

(9) You can climb Mt.Fuji between July and September.

使える１文ドリル　**外国人が日本に訪れるとしたら
どこがいいですか**

Class (　　　) No. (　　　) Name (　　　　　　　　　　)

＊英文の最初にくる単語もすべて小文字にしてあります。

(1) 東京は日本のよい都市です。 【 city / a / Tokyo / good / in / is / Japan / . 】

(2) 京都は日本のよい都市です。 【 Japan / city / a / in / is / good / Kyoto / . 】

(3) 毎年，多くの人がそこに行きます。 【 year / there / every / people / go / many / . 】

(4) 東京にはたくさんのお店があります。 【 shops / Tokyo / a lot of / has / . 】

(5) 東京であなたは友達と買い物ができます。 ＊「買い物をする」は "go shopping" です。
【 Tokyo / with / go shopping / you / can / your friends / in / . 】

(6) 京都であなたは伝統的な建物を見ることができます。 ＊「伝統的な」は "traditional" です。
【 in / buildings / see / can / traditional / you / Kyoto / . 】

(7) それらはとても美しいです。 【 beautiful / are / very / they / . 】

(8) 日本には，多くの自然があります。 【 much / Japan / nature / in / have / we / . 】

(9) あたなは７月から９月まで富士山に登れます。 ＊「登る」は "climb" です。
【 July / Mt. Fuji / and / can / climb / September / between / you / . 】

【１回目　　／９問】 【２回目　　／９問】 【３回目　　／９問】

助動詞（can） 外国人が日本を訪れるとしたら どこがいいですか

Class (　　　　) No. (　　　　) Name (　　　　　　　　　　　　　)

_____

_____

_____

Good!! ⬆

_____

_____

Fantastic!! ⬆

_____

_____

_____

Wonderful!! ⬆

_____

_____

Great!! ⬆

Tokyo Skytree
観光地を紹介しよう！

old buildings
都市の特徴を書こう！

観光地・紹介したい都市の特徴を詳しく書いてみよう！
beautiful や high, nice といった形容詞を使えるとさらによいですね。

You can 〜. で始めて，その観光地や都市でできることを紹介するのも，ライティングに幅が広がりますよ。ぜひ書いてみましょう。

先生の添削を受けて，ここに書きなおしてみよう！

_____

_____

【評価のめやす】3文でC，6文・9文でB，12文以上でA

Kyoto is a good city in Japan.

It is an old city.

Kyoto has many old buildings.

They are very beautiful.

You can visit Kiyomizudera.

I like it very much.

You can enjoy shopping in Kyoto, too.

Omamori is cute, so it is popular.

Please enjoy Kyoto.

模範解答

　添削のポイントとしては，その都市に対する自分の思い（I like it very much. や They are beautiful. など）に関する英文が入っているとよい英作文になる。また，Kiyomizudera などの固有名詞があると，分かりやすいライティングになるし，生徒にとってイメージしやすいので，ぜひ固有名詞を入れて英作文するよう指導したい。

Tokyo is a good city in Japan.

I live in Tokyo, so I know Tokyo very much.

Tokyo has a lot of shops.

You can enjoy shopping in Tokyo.

I go shopping every Sunday.

My favorite is Shibuya.

You can see Sky Tree in Tokyo.

It is really beautiful.

生徒の解答例　Excellent!!

　左のライティングで優れている点は so を文中に使用し，論理的な英文を書けている点である。また，「毎週日曜日に買い物に行く」や「渋谷がお気に入り」と自己表現していることで，リアリティーが増している。単にその都市でできることの羅列になっていない点がよい点だろう。

Nara is a good city.

You can go to Todaiji.

You can go shopping.

Shizuoka is a good city, too.

You can see **Fuji san**.

Japan has **many** nature.

You can enjoy nature.

Please enjoy Japan.

よくある間違い例　Try Again!!

　左のライティングでは，前半は奈良について，後半は静岡について英作文されている。2つ以上の都市について紹介することは構わないが，1文目で「奈良と静岡はいい都市です」と最初に言ってしまったほうが読み手は分かりやすい。また，"many nature" もよくあるミスである。可算名詞と不可算名詞も時間に余裕があれば，導入したい。

1年

2年

3年

9 1年生の思い出を教えてください

❖ 一般動詞の過去形 ❖

[標準実施時期] 2月

[単元の目標]

　中学校1年間を振り返り，動詞の過去形（規則動詞・不規則動詞）を使って，その思い出を英作文できる。

　1年生最後のトピックである。指導時期の都合上，「動詞の過去形（規則動詞・不規則動詞）」に焦点を当てているが，これまで学習してきた三人称単数現在のsや代名詞，助動詞canなどの知識を総動員して，1年間を振り返りながら多くの英文を書かせたい。行事の羅列にならないよう指導し，"I had a good time."や"I enjoyed it very much."など，まとめとなる英文を書けるとさらによい英作文になることを生徒に伝えていく。

　一般動詞の不規則動詞に関して，生徒にとっては逐一覚える必要があり，学習負担が大きいと考えている。現在形・過去形・過去分詞にある程度の規則性はあるものの，それらを学習するのはまだまだ先なので，教科書などで進出単語として出てくるたびに「過去形にするときにedやdをつけてはいけない動詞（慣れてきたら「不規則動詞」という言葉も教える）」として指導する必要がある。授業の最初の帯活動として教師が動詞の原形を言い，それらを即座に過去形に直す活動や，不規則動詞の一覧を作成し，問題を出し合う活動も有効だろう。一度にすべて覚える必要はなく，確実に習得していくように励ましながら授業を進めていきたい。

　担任をしていた学級については，最後の学活の時間を使ってこのトピックでスピーチをさせたことがある。体育祭についてスピーチする生徒，入学式についてスピーチする生徒，遠足についてスピーチする生徒など話題は様々だが，その学級の年間を振り返る機会としてはいい時間になった。また，1時間の時間が捻出できない場合には，毎回の英語の授業の最初や最後などと時間を指定して数人ずつスピーチさせる方法もある。スピーチに関しては，とにかく場数を踏ませて，堂々と英文を発表できるような手立てをとりたい。

右ページドリル解答

(1) I enjoyed the sports day with my friends.　(2) We ran hard.

(3) I came to school early in the morning.　(4) I practiced hard there.

(5) We ran fast in the relay.　(6) I learned a lot from the sports day.

(7) We had a good time.　(8) We enjoyed field trip very much.

(9) I visited a museum with my friends.

使える1文ドリル　1年生の思い出を教えてください

Class (　　　　) No. (　　　　) Name (　　　　　　　　　　　　　　)

＊英文の最初にくる単語もすべて小文字にしてあります。

(1) 私は友達と運動会を楽しみました。【 with / I / the / sports day / enjoyed / my friends / . 】

(2) 私たちは，一生懸命走りました。【 ran / hard / we / . 】

(3) 私は朝早く学校に来ました。【 school / I / to / in the morning / came / early / . 】

(4) 私はそこで，一生懸命練習しました。【 hard / practiced / there / I / . 】

(5) 私たちは，リレーで早く走りました。【 in the relay / ran / fast / we / . 】

(6) 私は，運動会からたくさん学びました。　＊「たくさん」は a lot を使おう！
【 the sports day / learned / from / a lot / I / . 】

(7) 私たちは楽しい時間を過ごしました。【 time / a / we / good / had / . 】

(8) 私たちは，遠足をとても楽しました。【 very much / we / field trip / enjoyed / . 】

(9) 私は，友達と博物館をたずねました。【 a museum / visited / with my friends / I / . 】

【1回目　　／9問】　【2回目　　／9問】　【3回目　　／9問】

1年生の思い出を教えてください

Class (　　　) No. (　　　) Name (　　　　　　　　　　　　　　　)

Good!! ⬆

Fantastic!! ⬆

Wonderful!! ⬆

Great!! ⬆

enjoy sports day
心に残った行事を書こう！

sang with my classmates
行事を詳しく書こう！

一般動詞をすべて過去形で書いていますか？　不規則動詞には特に注意して，書いた動詞すべてを確認しよう！

行事などの内容を詳しく書いたら，最後に have a good time. や learn a lot. などの表現で自分の感想を書き，ライティングのまとめとしよう。

先生の添削を受けて，ここに書きなおしてみよう！

【評価のめやす】３文でＣ，６文・９文でＢ，12文以上でＡ

模範解答

I enjoyed the sports day with my friends.

We came to school early in the morning and practiced a lot.

We ran hard in the relay.

We did many sports with my friends on that day.

I enjoyed it very much.

I learned a lot from the sports day.

I had a good time.

　1年間を振り返り，特定の行事について英作文しようとしたら，多くの場合で7文以上にはなるだろう。とにかくたくさんの英文を書かせて自信を持たせることが本書の目的である。行事の準備段階（体育祭や文化祭）から本番当日までを振り返らせ，たくさんの英文を書かせたい。

生徒の解答例　Excellent!!

I enjoyed chorus contest in October.

In September, we practiced a lot.

We didn't sing well at first, but we tried hard.

I practiced a lot with my friends.

We sang well with my classmates on chorus contest.

All students enjoyed it.

I had a good time, too.

　At first（最初は）という表現は未習だが，生徒から質問があったり，生徒自身が調べてきたりした場合は，もちろん採点する。調べてきた表現などを学級全体でシェアできるとさらに効果的だろう。このライティングのよいところは，「最初はうまくいかなかった」ということを月の表現を交えて作文できていることである。このレベルを目指して指導したい。

よくある間違い例　Try Again!!

I **enjoy** school trip.

We **goed** to Higashi city.

I **go** to a museum on May.

We **talk** ˅ my friend.

We had lunch.

We **use** a bus.

I had a good time.

　1年の思い出を一般動詞の過去形を用いて書いていくトピックである。まずは，動詞の過去形をすべてチェックし，つまずいている生徒に対しては規則動詞からしっかりと学習させたい。また，多いミスが左の例にあるような talk の使用である。「おしゃべりする」という単語は頻出だけに，talk の次は with ＋「誰」が多いことも指導する。

2年生で基礎を固める
テーマ別英作文
ドリル＆ワーク

1 ✎ 日記を書こう

❖ be 動詞・一般動詞の過去形 ❖

[標準実施時期] 4月〜5月

[単元の目標]

先日や先週末など近い過去を思い出し，そのときにやったことや感想を英作文できる。

　一般動詞の過去形は既習の内容であるので，生徒にとっては比較的書きやすいだろうと思う。しかしながら，ed 部分の「発音」に関しては，2年生になってもまだまだ正しく発音できない生徒が少なくない。play や live などの「動詞の最後が有声音」の場合は ed 部分が「ドゥッ」という発音であることや，like や watch などの「動詞の最後が無声音」の場合は ed 部分が「トゥッ」という発音になる。頭での理解は容易でも，そのアウトプットを正確に行うことは，学力の高い生徒であっても容易ではないだろう。

　「発音はテストに出題されないから…」といって発音練習を怠る生徒がいる。思春期ということもあり，「英語らしい発音」をすることがなんとなくカッコ悪い，恥ずかしいことだとするような雰囲気のクラスも，残念ながら見られる。th や f, v, r に代表される日本語にはない発音が特に難しい（恥ずかしい）ようで，習得が進まないことがあった。そういったときには，パフォーマンステストと称して，ユニットが終わるごとに音読テストを実施し，音読を評価していた。その評価の中に上記4つの発音の出来を絡ませると効果的だった。何より，英語らしい発音で音読した生徒を個別的または全体の場で思い切り褒め，「日本語と英語の発音はかなりの違いがある」ということを粘り強く指導していく必要があるだろう。

　be 動詞の過去形は，2つしかないことが理由からか，生徒にとっては定着率が高い。著者は，生徒たちの1年生4月時の身長を調べ，その導入に使っている（もちろん，自己の身長を公にされることが恥ずかしいと感じるような生徒には配慮が必要である）。そうすることで，生徒たちは1年間の文字通りの「成長」を実感しながら楽しく be 動詞の学習に取り組むことができる。

右ページドリル解答

(1) I cleaned my room in the morning.　(2) I went to the library after lunch.

(3) I read many books there.　(4) I studied math there, too.

(5) It was very difficult.　(6) I watched a baseball game on TV in the evening.

(7) It was an exciting game.　(8) I had dinner with my family at night.

(9) It was very good time.

使える1文ドリル　日記を書こう

Class (　　　　) No. (　　　　) Name (　　　　　　　　　　　　)

＊英文の最初にくる単語もすべて小文字にしてあります。

(1) 私は午前中に部屋を掃除しました。【 the morning / I / my room / in / cleaned / . 】

(2) 昼食後，図書館へ行きました。【 the library / I / after lunch / to / went / . 】

(3) 私はそこでたくさんの本を読みました。【 many / I / books / read / there / . 】

(4) 私はそこで数学の勉強もしました。【 too / math / I / there / studied / , / . 】

(5) それはとても難しかったです。【 very / was / difficult / it / . 】

(6) 私は夕方，野球の試合をテレビで見ました。
【 in the evening / a baseball game / I / on TV / watched / . 】

(7) それは白熱した試合でした。【 game / was / exciting / an / it / . 】

(8) 私は夜，夕食を家族と一緒に食べました。
【 at night / with / I / dinner / had / my family / . 】

(9) それはとても良い時間でした。【 time / very / it / good / was / . 】

【1回目　　／9問】【2回目　　／9問】【3回目　　／9問】

be 動詞・一般動詞の過去形　日記を書こう

Class (　　　) No. (　　　) Name (　　　　　　　　　　　)

clean my room
午前中にしたことを書こう！

Good!! ⬆

studied with my friends
午後にしたことを書こう！

Fantastic!! ⬆

It was ～. という表現で，その日にしたことの感想を書こう！ **difficult** や **exciting, fun**（楽しい）などの形容詞が使いやすいですね。

Wonderful!! ⬆

午前→昼→午後→夕方→晩の流れで，各２文ずつ書いてみよう！　最後は，**have a good time.** でまとめられると良いですね。

Great!! ⬆

先生の添削を受けて，ここに書きなおしてみよう！

【評価のめやす】３文でC，６文でB，９文・12文以上でA

I got up at seven.

I cleaned my room in the morning.

I went to the library in the afternoon.

I read a lot of books there.

I studied math, too.

My friends were there, so it was fun.

I ate dinner with my family.

I talked about school life.

It was a good time.

模範解答

　be 動詞の過去形を学習し，形容詞を使いやすくなり，表現の幅は一気に広がるのがこのトピックである。fun, exciting, excited, difficult などの形容詞は１年生のときに学習しているが，be 動詞を学習するこの機会にもう一度指導できると生徒のライティングはさらに良くなる。時系列でライティングできているかも併せてチェックする。

I got up at seven.

I went shopping with my family in the morning.

We had lunch there.

In the afternoon, I studied.

It was not easy, but I tried hard.

I watched a baseball game on TV.

I like the Carp very much.

I had a good time.

生徒の解答例　Excellent!!

　２文目や６文目の英文は，基本の語順である「誰が→どうする→なにを→どのように→どこで→いつ→なぜ」に沿っている点が素晴らしい。また，野球の球団に関しては the をつけることも余裕があれば指導したい。５文目は文中に but を使い，表現豊かな英文になっているところもポイントである。

I got up at seven.

I watched TV in my room.

I like it very much.

I watch TV every day.

It is fun.

I studied math in the library.

I don't like math, but I like English.

I study English every day.

I had a good time.

よくある間違い例　Try Again!!

　たとえ正しい文法や語順・スペリングでライティングできたとしても，トピックと離れてしまってはもったいない。左のライティングでは，２文目と６文目以外は，すべて自己紹介の文になってしまっている。10文中１文から２文なら構わないが，ほとんどすべての英文がトピックと離れている場合，採点できないことになるので，注意させたい。

2 🖉 昨日の夜は何をしていましたか

❖ 過去進行形 ❖

[標準実施時期] 5月

[単元の目標]

過去進行形を使って，昨夜何をしていたか英作文できる。

過去進行形の導入では，著者は毎回 ALT との会話の中でそのターゲットセンテンスを導入している。

【会話例】

JTE：Hi, 〇〇（ALT の名前）! Did you watch TV yesterday? There was a big soccer (baseball, tennis など) match last night! I was so exciting!

ALT：Oh, I didn't watch TV yesterday. I was very busy last night.

JTE：Are you sure? What were you doing last night?

ALT：I was studying Japanese at seven. I was cooking dinner at eight. I was talking with my friend at nine on telephone. I was reading manga at ten. I was surfing the Internet at eleven. I was taking a shower at twelve…

JTE：Really? You were so busy last night…

といった形で，時間を 7 時頃から 1 時間ずつ過去進行形で会話してもらう。この会話のあと，JTE も昨晩やっていたことを紹介して，生徒に何度も過去進行形の文を聞かせていく。導入で聞かせた英文と英作文のトピックをリンクさせることで，この後のライティング活動での，生徒の負担を減らすことができる。

┌─ 右ページドリル解答 ─┐

(1) I was doing my homework yesterday.   (2) I was listening to music last night.

(3) My father and I were watching TV last night.

(4) My sister and I were studying English at eight yesterday.

(5) My mother was cooking then.   (6) I was teaching math to my brother then.

(7) Ken was cleaning his room then.   (8) Ken and I were playing tennis then.

Class (　　　　) No. (　　　　) Name (　　　　　　　　　　　　　)

＊英文の最初にくる単語もすべて小文字にしてあります。

(1) 私は昨日，宿題をしていました。 【 was / doing / my homework / I / yesterday / . 】

(2) 私は昨晩，音楽を聴いていました。 【 was / music / I / listening to / last night / . 】

(3) 父と私は昨晩，テレビを観ていました。
【 last night / my father / watching TV / and / were / I / . 】

(4) 妹と私は昨日の8時，英語を勉強していました。
【 at eight / were / and / English / my sister / studying / I / yesterday / . 】

(5) 私の母はそのとき，料理をしていました。 【 was / then / my mother / cooking / . 】

(6) 私はそのとき，弟に数学を教えていました。　＊ teach の後は，教科→ to 人の順番！
【 was / to my brother / teaching / then / I / math / . 】

(7) ケンはそのとき，部屋を掃除していました。 【 cleaning / then / Ken / his room / was / . 】

(8) ケンと私は，そのときテニスをしていました。
【 were / tennis / Ken / and / playing / I / then / . 】

過去進行形　　昨日の夜は何をしていましたか

Class (　　　　) No. (　　　　) Name (　　　　　　　　　　　　)

_____

_____

_____

Good!! ⬆

昨日していたことを，まずは１つ，英語で書いてみよう！

_____

_____

_____

Fantastic!! ⬆

昨日していたことを詳しく書いてみよう！

_____

_____

_____

Wonderful!! ⬆

昨日のこと１つを掘り下げて英作文しよう。また，昨日していたことの２つ目も書いていこう（していた順に英語に直そう）。

_____

_____

_____

Great!! ⬆

昨日していたことを２つから３つほど詳しく英文にできましたか？　最後は「○時に寝ました」でライティングをまとめよう。

先生の添削を受けて，ここに書きなおしてみよう！

_____

_____

_____

【評価のめやす】３文でC，６文・９文でB，12文以上でA

模範解答

I was watching TV yesterday.
My father and I like baseball, so we were watching a baseball game at night.
My mother was cooking then.
We ate dinner after that.
I was doing my homework at nine.
It was not easy, but I tried it hard.
I went to bed at about eleven.

　過去進行形を使った英作文であるが，もちろんすべての英文を過去進行形でライティングすることは難しい。昨晩したことを，過去進行形を使って書き上げるとよいだろう。左の模範解答では過去進行形を4文書いている。また，模範解答のように，昨晩のしたことの流れを，順を追って英作文できるとよい。

生徒の解答例　Excellent!!

I was playing tennis yesterday.
I play tennis on Wednesday and Sunday.
We ate dinner after tennis.
I was doing my homework at eight.
I had a lot of homework, so it was difficult.
My sister was doing her homework, too.

　左の生徒の解答も，作文の流れ（テニス→夕食→宿題）を正確に英作文できている。テニスの説明（水曜と日曜にやっている）や宿題の説明（多い・難しい）もできており，分かりやすい。最後にもう1文過去進行形の文も書けており，素晴らしいライティングである。

よくある間違い例　Try Again!!

My brother and I playing **game**.
We like TV **game**.
My father reading book.
We ate dinner after **game**.
I did my homework at nine.
I have homework every day.
My brother watching TV then.
I went to bed at eleven.

　現在進行形とも共通することであるが，まずは be 動詞の習熟がものを言う。私は「単数 is! 複数 are!!」と呪文のように生徒に言わせて覚えさせている（ちょっと強引だけど…）。この生徒は，複数形の s が抜けてしまっていたりテレビゲームを "TV game" と書いてしまったりしているが，基本的な語順の流れは理解しているので，この後，かなり力を伸ばしてくれた。

3 ✎ 6年後の自分を紹介しよう

❖ 未来形（will）❖

[標準実施時期] 5月～6月

[単元の目標]

　未来形 will を使い，現在の自分の好きなことや得意なことなどをふまえて，6年後の自分が何をしているか想像し，英作文できる。

　助動詞の多くは2年生で学習するが，その1つに発話者の「意志」を表す will がある。著者は簡単な導入の後，英語の語順パターンの1つである「誰が→どうする→何を→どのように→どこで→いつ→なぜ」の1つ目の矢印の場所に来ることと，助動詞の後ろは ed や s などを付けない原形であることを説明したら，どんどん練習問題や英作文問題に取り組ませている。文法的な説明は長くなればなるほど生徒の集中力は落ちていくし，授業自体も間延びしてしまう。それならば，文法事項の導入と簡単な文法説明の後は1回でも音読をしたり，練習問題を解いたりした方が生徒たちの力になるだろう。

　導入に関しては，いろいろと試したが，最近は「こんなとき，あなたならどうする？　3択クイズ」と題したものを使うことが多い。

【クイズ例】

You enjoyed a computer game for a long time, and it is one o'clock in the morning. You are very very sleepy. But you have science homework. Your science teacher is very strict. What will you do?　＊"strict" が未習の場合，説明する。

1. I will do my science homework soon.
2. I will go to bed and get up early. I will try it in the morning.
3. I will not do science homework. I will say "Wasuremashita" to the strict teacher.

導入クイズのほんの一例であるが，そのクラスの理科の先生は学校でも大変厳しい存在で，will を何度も聞かせながら，大いに盛り上がった。

右ページドリル解答

(1) I will work six years later.
(2) I will study at a university six years later.
(3) I will work hard with many people.
(4) I will study science hard at a university.
(5) I will study many things.
(6) I will be a Japanese teacher.
(7) I will travel abroad with my friends.
(8) I like to use a computer.
(9) I will study about computer.

使える１文ドリル　６年後の自分を紹介しよう

Class (　　　　) No. (　　　　) Name (　　　　　　　　　　　　　　)

＊英文の最初にくる単語もすべて小文字にしてあります。

(1) 私は６年後（six years later），働いているだろう。【 six years later / will / I / work / . 】

(2) 私は６年後，大学で勉強しているだろう。
　　【 at a university / I / six years later / study / will / . 】

(3) 私はたくさんの人たちと一緒に，一生懸命働くだろう。
　　【 many people / hard / will / with / work / I / . 】

(4) 私は大学で，理科を一生懸命勉強しているだろう。
　　【 at a university / science / I / study / hard / will / . 】

(5) 私は，多くのことを勉強するだろう。　【 will / study / many things / I / . 】

(6) 私は，国語の先生になるだろう。　【 a Japanese teacher / I / be / will / . 】

(7) 私は，海外を友達と旅行するだろう。　【 with my friends / will / travel / I / abroad / . 】

(8) 私は，コンピュータを使うことが好きです。　【 a computer / use / like / to / I / . 】

(9) 私はコンピュータについて勉強するだろう。　【 about computer / will / study / I / . 】

未来形（will）　6年後の自分を紹介しよう

Class (　　　　) No. (　　　　) Name (　　　　　　　　　　　　　　)

Good!! ⬆

Fantastic!! ⬆

Wonderful!! ⬆

Great!! ⬆

先生の添削を受けて，ここに書きなおしてみよう！

---

will work hard

「働いている」又は「大学」

---

a good baseball player

将来の夢を書いても OK.

自分の好きなこと（趣味など）を紹介し，I will travel. や I will be a writer（作家）. などと，将来の夢を英作文してみよう！

---

so（だから）を使って英作文してみよう！

例：

I like to cook, so I will be a chef（シェフ）.

【評価のめやす】3文でC，6文・9文でB，12文以上でA

I will study six years later.

I will study with my friend at a university.

I will be a teacher, so I will study many things there.

I like P. E. very much.

I enjoy P. E. class every day, so I will be a P. E. teacher.

I will study about many sports at a university six years later.

模範解答

「将来の夢」「将来就きたい職業」が明確な中学生は少ないが，6年後，自分が何をしているか想像できる生徒は多いだろう。働いているかもしれないし，大学で勉強しているかもしれない。もしかしたら結婚しているかもしれない…など自分の未来を想像しながら表現豊かな英作文を書かせたい。

I will work six years later.

I don't know about my future job, but I will work hard.

I like shopping very much.

I will go shopping with my friends on holidays.

I will enjoy it.

I sometimes go shopping by my car.

I am looking forward to it.

生徒の解答例　Excellent!!

将来，就きたい職業が決まっていない生徒でも，既習の表現を使って，左のようなライティングが可能である。中学生女子の英作文であるが，一生懸命働きながら，休みの日には友達と買い物を楽しみたいという将来を想像し，英語で表現できた。このトピックのまとめの1文は "I am looking forward to it." とすると，うまくまとまるので，そう指導している。

I will study about computer.

I like **game**.

I play **game**.

I will make **game**.

My friends enjoy **game**.

I like my friends.

I am looking forward to it.

よくある間違い例　Try Again!!

何度もお伝えしている通り，英作文指導の基本は語順指導である。主語・動詞・目的語（著者はこういった言葉は授業で使わないようにしているが…）で英文が終わってしまっていては，表現力のある英文になりにくく，必然的に表現豊かなライティングとは言えない。まずは，できるだけ長い1文を書けるよう年間を通して指導していく必要がある。

4 何のために勉強していますか

❖ 不定詞（名詞・副詞的用法）❖

[標準実施時期] 6月〜7月

[単元の目標]

　不定詞の名詞的・副詞的用法を使って，今何のために勉強して，将来どんなことをしてみたいのか英作文できる。

---

　want to 〜 や like to 〜 などをきちんと学習すれば，自己表現の幅が一気に広がり，スピーキング活動も活発になる。また，副詞的用法に関しては，今まで学習してきた英文の最後に to ＋動詞を付け加えることで，理由を表現でき，こちらも英語表現の幅が一気に広がる文法項目だと言える。英文の基本的な語順である「誰（何）が・は」→「どうする」→「何を」→「どのように」→「どこ」→「いつ」という並びの最後に「なぜ」が付け加えることができることを，ここで初めて学習する。英作文への意欲が高まり，表現の幅が広がるので，確実に習得させたい。

　want to 〜 や like to 〜 で使用できる不定詞の名詞的，副詞的用法の導入に関して，実践を紹介する。私がこの文法を導入するとき，もちろん「不定詞の名詞的用法」といった文法自体に関する名称は教えない。代わりに「来年の今頃は…」という話題で生徒とインタラクションしながら会話する。「3年生になって，来年の今頃何をしているだろう？」といった話から，修学旅行の話題を引き出す。余裕があれば，テレビなどに3年生の修学旅行の活動の様子を準備して，提示しながら，"Third graders went to Tokyo to learn many things in Tokyo." "They went to the Diet to 〜." というような会話で3年生の修学旅行を紹介していく。その後，東京の観光名所のパンフレットを配布して，東京の「どこに行きたいか」「何をするために行きたいか」などを書かせるワークシートを作成して記入させていくようにしている。

　"I want to be 〜." を使用して，「将来何になりたいか」を考えさせる導入をしたこともあるが，現在の中学生は（著者の中学時代もそうだったが），将来の夢を明確に持っている生徒が少ない。そこで英語の表現を滞らせるのは不本意なので，上記の活動で不定詞の導入をすることが多い。

右ページドリル解答

(1) I want to work abroad in the future.　(2) I like talking with foreign people.

(3) I study English hard every day.　(4) To study English is important to me.

(5) I study hard to work in the future.　(6) I want to be a journalist in the future.

(7) I want to study about foreign culture.　(8) I practice every day to be a good baseball player.

(9) I went to Tokyo Dome to watch a baseball game last year.

Class (　　　　) No. (　　　　) Name (　　　　　　　　　　　　　　　)

＊英文の最初にくる単語もすべて小文字にしてあります。

(1) 私は将来，海外で働きたいです。 【 in the future / work / I / want to / abroad / . 】

(2) 私は，外国の人々と話すのが好きです。 【 foreign people / like / talking / with / I / . 】

(3) 私は，毎日一生懸命英語の勉強をしています。 【 English / hard / every day / study / I / . 】

(4) 英語の勉強は私にとって大切です。 【 to / is / me / important / to study English / . 】

(5) 私は将来，働くために一生懸命勉強しています。
　　【 in the future / to / study / hard / work / I / . 】

(6) 私は将来，記者になりたいです。 【 journalist / be / want / in the future / I / a / to / . 】

(7) 私は，外国の文化について勉強したい。
　　【 foreign / to / about / study / want / culture / I / . 】

(8) 私は毎日，良い野球選手になるために練習しています。
　　【 a good baseball player / to / practice / be / every day / I / . 】

(9) 私は去年，野球の試合を観るために東京ドームに行った。
　　【 a baseball game / to / I / Tokyo Dome / watch / went to / last year / . 】

【1回目　　／9問】　【2回目　　／9問】　【3回目　　／9問】

何のために勉強していますか

Class (　　　　) No. (　　　　) Name (　　　　　　　　　　　　)

_____

_____

_____

_____

Good!! ⬆

_____

_____

_____

Fantastic!! ⬆

_____

_____

_____

Wonderful!! ⬆

_____

_____

_____

Great!! ⬆

want to be a teacher
就きたい職業を書こう！

like math
その職業を詳しく書こう！

なぜ勉強しているのか, **I study hard to〜.** から始めて書いてみよう！「先生になるために」「野球選手になるために」などが **good!**

in the future（将来に）や **a lot of experience**（たくさんの経験）, **abroad**（海外へ，海外で）などが使いやすい！ぜひ使ってみよう！

先生の添削を受けて，ここに書きなおしてみよう！

_____

_____

_____

_____

【評価のめやす】３文でC，６文でB，９文でA，12文以上でS

模範解答

I want to be an English teacher.

I study it hard every day to be an English teacher.

Mr. Sato teaches me English.

He teaches English very well, so I want to be like him.

I want to go abroad and study there.

I like to speak English.

To study English is important to me.

　好きな教科と絡めて，将来の夢が書かれていたら good!　将来なりたい職業が明確でない生徒にとっては難しいが，将来の職業を絡めて英作文できていると，よいライティングになる。自身の体験や影響を受けた人物のことを含めて英作文すれば，さらによいライティングになるだろう。

生徒の解答例　Excellent!!

I study to work in the future.

Our teachers teach me many things now.

They are very interesting.

I don't know about my future job, so I study a lot now.

To study will be useful in the future.

I study hard with my friend to work well in the future.

　ほとんどの中学生にとって，将来就きたい職業は明確ではないだろうが，それを逆手にとって英作文することができる。左の生徒の解答例を読むと，将来の職業が決まっていないからこそ，一生懸命勉強しているとある。また，勉強していることが将来，役に立つと書けている。学力が高い生徒のものだが，既習の表現を駆使して，豊かな表現になっている。

よくある間違い例　Try Again!!

I study hard to go abroad.

I like English very much.

I study it every day.

To study English is important.

Many people speak English.

It is interesting, so I like to talk with them.

I want to go **to** abroad.

　この英作文は，序盤は書けているが，徐々に「何のために勉強しているのか」というよりは「英語と私」のようなライティングになってしまっている。英語に関する話題に限らず，「よい野球選手になるために一生懸命勉強している」と書き始めたはずなのに，いつの間にか「好きな野球選手の紹介」になってしまっているようなライティングは少なくない。常に「トピックは何か」を意識しておく。

5 将来の夢は何ですか

❖ 不定詞（形容詞的用法）❖

[標準実施時期] 6月～7月

[単元の目標]

不定詞を使って，将来の夢・してみたいこと・興味があり将来やってみたいことなどを英作文できる。

　長い間，英語教師をしていると，「英語で物事を人に伝えることの魅力」を授業や英作文の宿題からひしひしと感じる瞬間がある。下のライティングは不定詞の導入・練習を終え，「将来の夢は何ですか」というトピックである生徒が書いてきたものである（生徒の解答例でも一部取り上げさせてもらっている）。

I don't know about my future job, but I like to cook very much.

My mother cooks dinner every night and her dinner is delicious.

She has a lot of things to work every day, but she cooks well.

She is very busy and we have a lot of things to do, but she cooks well every day.

My family members enjoy her dinner every day.

I want to be like her and cook with her someday.

　思春期真っ盛りの生徒が，母への感謝の気持ちを英作文した作品である。ちょうどこの生徒が在籍するクラスを私は担任していたので，後日の保護者会で実物をお見せし，一緒に喜んだ。「小学生のときは何でも話してくれたのに，中学生になってからはあまり会話が無くなってしまった…」と悩んでおられた保護者だった。私自身も，日本語では伝えにくいことも，英語だと伝えられる瞬間を見せてもらった気がして，英語教師としての冥利に尽きる日になった。

　右ページドリル解答

(1) I want to be a Japanese teacher.　　(2) I have a lot of things to study.

(3) I study hard to be a doctor.　　(4) I like English, so I want to study abroad.

(5) I have a lot of English words to study.　　(6) I want to go to America to study English.

(7) I like math and science, so I want to be a scientist.

(8) I have many books to read.

使える１文ドリル　将来の夢は何ですか

Class (　　　　) No. (　　　　) Name (　　　　　　　　　　　　　　　　　)

＊英文の最初にくる単語もすべて小文字にしてあります。

(1) 私は国語の先生になりたいです。【 Japanese / be / teacher / want to / a / I / . 】

(2) 私には勉強すべきことがたくさんあります。

【 to / study / things / have / I / a lot of / . 】

(3) 私は医者になるために一生懸命勉強します。【 a doctor / to / study / hard / be / I / . 】

(4) 私は英語が好きです。だから私は海外で勉強したい（留学したい）です。

【 so / like / I / abroad / to / study / want / I / English / , / . 】　＊海外で＝ abroad

(5) 私は勉強すべき英単語がたくさんあります。

【 to / study / of / English words / lot / have / I / a / . 】

(6) 私は英語を勉強するためにアメリカに行きたい。

【English / America / go to / want / I / to / to study / . 】

(7) 私は数学と理科が好きです。だから，科学者になりたいです。

【 be / I / a scientist / want to / so / math and science / like / I / , / . 】

(8) 私には読むべき本がたくさんあります。【 books / have / to / many / read / I / . 】

【１回目　　　／8問】　【２回目　　　／8問】　【３回目　　　／8問】

将来の夢は何ですか

Class (　　　) No. (　　　) Name (　　　　　　　　　)

a fire fighter

将来就きたい職業を書こう！

Good!! ↑

興味のある職業がない場合，身近なところから考えよう！

Fantastic!! ↑

「～になりたい」でも **OK** ですが，「～のようになりたい」も立派な将来の夢です。憧れの人を思い浮かべて，英語で書いてみよう。

Wonderful!! ↑

ここまでかけたら，英語の力はかなりついています！　最後の文は "someday" を使うと，きれいにまとまるのでお勧めですよ。

Great!! ↑

先生の添削を受けて，ここに書きなおしてみよう！

【評価のめやす】3文でC，6文・9文でB，12文以上でA

模範解答

I want to be a math teacher.

My math teacher's class is really interesting.

Many students like his class.

I want to be like him, but it is not easy.

I have a lot of things to study.

I like math very much, so I want to try hard.

　将来なりたい職業が決まっている生徒は，左のように憧れの人（野球選手になりたいなら，好きな選手など）を英作文に交えながら書き進めることができる。具体的な名前もライティングに出てくるので，分かりやすくもなる。ただ，ここまで具体的な考えを持っている生徒は稀である。次の「生徒の解答例」のような形でも十分よいライティングである。

生徒の解答例　Excellent!!

I don't know about my future job, but I like to cook very much.

My mother cooks dinner every night and her dinner is delicious.

She has a lot of things to work every day, but she cooks well.

She is very busy and we have a lot of things to do, but she cooks.

I want to cook with her someday.

　この生徒もかなり学力が高い生徒だったが，一晩考えて上記のようなトピックでライティングを完成した。将来就きたい職業が決まっていないにも関わらず，あまりに素晴らしい英作文のため，了承を得た上で，クラス全体でシェアした（後日，保護者にも内容を伝えた）。

よくある間違い例　Try Again!!

I want to work hard.

It is not easy.

I try hard.

I have many things to study.

I want to learn many things.

　苦心するのは，英文を書く力があるのに，あまり書いてこない生徒への指導である。彼らにとって，多くの英文を書くことのメリットがないのだ。そこで定期テストでは，「書けば書くほど点数が加算される」「書けば書くほど有利な採点方法」を考えてみてはどうだろう。書けば書くほど伸びるのは間違いない。ぜひ学校全体で取り組んでほしいと思う。

ホームステイ先でしなければならないことは何ですか

❖ 助動詞（must） ❖

[標準実施時期] 9月〜10月

[単元の目標]

　異国の文化を知り，日本文化との違いを感じる中で，もし自分がその国にホームステイすることになったら，何をしなければならないか英作文できる。

　must, have to, don't have to, should, can, be going to, will などの助動詞（正確には助動詞と呼べない単語も含まれているが）を使って，異国の地にホームステイすることになったら，何をしなければいけないか，何がそこでできるか，何をしなくてもよいかなどを作文させる。

　この単元を指導していると，授業の終わりなどに英語が得意な生徒が来て，「must と have to の違いは何か」と質問する。著者はこの違いを「授業では」扱わないこととし，「must と have to の違いを聞きたい生徒は個人的に質問に来るように」と言っておいて，質問に来た生徒にだけその違いを教えることにしている。その違いはご存知の通りであるが，質問に聞きに来てくれた生徒の理解力に合わせて，何パターンか説明の方法を用意しておく。

【説明パターン①】

　must　　：悪行の限りを尽くしている鬼集団を見た桃太郎。その心に沸々と湧き上がる闘志。
　　　　　　「（おれは）鬼ヶ島に行かなければならない！」（I must go to Onigashima.）

　have to：宿題がまだ終わっていないのを見つかり，母に怒られたちびまる子ちゃん。
　　　　　　「宿題…しないといけないなぁ…はぁ。」（I have to do my homework.）

【説明パターン②】

　must　　：なんだか体調が悪い中学生のケンジくん。やばい…お腹痛い…
　　　　　　「（授業中だけど…助けて…）トイレに…」（I must go to the restroom.）

　have to：ある日登校したら，先生たちが口をそろえて「オイ！　顔色悪いぞ！　大丈夫か！？」
　　　　　　「え…おれって顔色悪いの？」（I have to go to the hospital.）

右ページドリル解答

(1) I am going to do homestay in America next week.

(2) I want to enjoy communication there.

(3) I have many things to do.　　　　　(4) I must study English there.

(5) We don't have to speak perfect English.　(6) However, I am going to use English a lot.

(7) It will be interesting.　　　　　　(8) We must not compare host families.

72

**ホームステイでしなければならない
ことは何ですか**

Class (　　　　) No. (　　　　) Name (　　　　　　　　　　　　　)

＊英文の最初にくる単語もすべて小文字にしてあります。

(1) 私は来週，アメリカでホームステイをする予定です。

【 next week / homestay / am going to / I / do / in America / . 】

(2) 私は，そこでコミュニケーションを楽しみたいです。

【 communication / there / want / enjoy / I / to / . 】

(3) 私はたくさんすべきことがあります。　【 to / many / have / things / do / I / . 】

(4) 私は，そこで英語を勉強しなければなりません。　【 English / must / study / there / I / . 】

(5) 私たちは，完璧な英語を話す必要はありません。

【 have to / perfect / don't / speak / English / we / . 】

(6) しかしながら，私は英語をたくさん使うつもりです。　＊しかしながら＝ however

【 a lot / use / I / English / however / am going to / , / . 】

(7) それは面白いでしょう。　【 will / interesting / it / be / . 】

(8) 私たちは，ホストファミリーを比べてはいけません。

【 compare / must / host families / we / not / . 】

助動詞 （must）　ホームステイ先でしなければならないことは何ですか

Class （　　　） No. （　　　） Name （　　　　　　　　　　　　　　）

ホームステイでやりたいことを書こう！

Good!! ⬆

ホームステイでしなければならないことを書こう！

Fantastic!! ⬆

must や must not は使えていますか？　他にも will や don't have to などを使うと，豊かな英語表現ができますよ。

Wonderful!! ⬆

ホームステイすることになったら，その国でしかできないことを考えて，英語にしてみよう！観光スポットの話題でも OK!

Great!! ⬆

先生の添削を受けて，ここに書きなおしてみよう！

【評価のめやす】3文で，6文・9文でB，12文以上でA

I am going to do homestay in America next week.

I can enjoy communication there.

I must study English there, so I am going to speak English a lot.

We don't have to speak perfect English.

However, we should use English a lot.

It will be fun for me.

模範解答

　1年生の後半に助動詞 can が出てきており，助動詞自体は既習項目である生徒が多いので，must や should も同じ語順になる。直後は can と同じで動詞の原形だよと指導すれば，習熟は早い。「原形」という概念は1年生のときに学習済みだと思うが，もう一度復習しておいて損はない。語順指導と合わせて作文数の多いライティングができるよう助言しよう。

I am going to do homestay in the UK.

I like English very much, so it will be very interesting.

We don't have to use perfect English, so I will enjoy communication there.

We must not compare host family.

I will have a lot of things to do.

I will try hard them.

生徒の解答例　Excellent!!

　左の英作文は，かなり英語が得意な生徒のものであるが，am going to, will, don't have to, must not と，豊かな英語表現ができていることが分かる。意外と習熟度が低いのが，助動詞や不定詞 to のあとの原形 be である。am, is, are の原形が be という単語であることは理解できても，それをどういったところで使うべきかイメージしにくい。

In America do home stay.

I America very like.

I baseball play.

I like MLB.

I English speak must.

よくある間違い例　Try Again!!

　この時期にきてもおそらくクラスで何名かの生徒は，左のように語順がばらばらだろう。英語教師にとって，語順を理解してくれない生徒への学習指導は本当に難しいものがあるが，根気よく指導していく。著者は，英作文ノートに年度当初に配付した語順一覧表を貼らせ，語順が整わない生徒はそれを参照しながら英文を組み立てるよう指導している（が，なかなか難しい…）。

あなたの願い事を聞かせてください

❖ 動名詞（～ing）❖

[標準実施時期] 10月～11月

[単元の目標]

　hope that ～（～を望む）・wish for～（～を願う）という表現と，動名詞を使って願い事に関して英作文できる。

　動名詞で指導すべき点は他の文法事項と比べてあまり多くない。たくさんの動名詞を含む文を提示したり，聞かせたりしてできるだけ短い時間で導入を終えたい。文法的な説明に関しては，やはり語順指導と絡めて説明することが多い。まずは「誰が（は）」→「どうする」→「何を」→「どのように」→「どこ」→「いつ」→「なぜ」という英語の基本となる語順の中の，「何を」に動名詞が入るパターンである。I like playing tennis. といった英文などがそれに当たり，動名詞が目的語になるパターンであるが，私は「目的語」という言葉を指導することはほとんどない。2つ目のパターンは Watching TV is a lot of fun. などのように，主語になる場合である。この2つのパターンを簡潔に説明して，文法の説明は終わることにしている。

　動詞に ing をつけ加えることも，生徒にとっては難しくないだろう。1年生で現在進行形，2年生で過去進行形と学習しており，今回が3度目だからだ。そのあたりの文法をまだ理解できていない生徒には，1年生時のプリントを渡したり，机間指導をしたりして，個別に対応している。

　2年生も後半になり，生徒間の英語力の差は大きくなってきていると思う。教師にとっては，クラス内の力の差が大きくなればなるほど指導しにくく感じるかもしれない。そこで，クラスを「習熟度別にして授業をする」といった方向に流されずに，生徒の英語力の差を逆手に取った方法を考えてみてはいかがだろうか。具体的にはペア学習である。方法に関しては，色々な「達人」と呼ばれる諸先生方が提唱していらっしゃるので詳細は避けるが，まずは「学力差があり，教え合いをしても大丈夫であろう生徒ペア」を考え，1学期間でも運営してみてはいかがだろうか。きっと生徒同士でしかできない英語学習をしてくれるに違いない。

右ページドリル解答

(1) I wish for a lot of time.

(2) I like reading books.

(3) I want to enjoy reading books if I have a lot of time.

(4) I hope I have a lot of time.

(5) I want to go to America if I have a lot of time.

(6) There are many places to visit in America.

(7) I wish for going abroad.

(8) I like English because speaking English is interesting.

使える1文ドリル　あなたの願い事を聞かせてください

Class (　　　　) No. (　　　　) Name (　　　　　　　　　　　　　　)

＊英文の最初にくる単語もすべて小文字にしてあります。

(1) 私はたくさんの時間を願います。 【 for / time / wish / a lot of / I / . 】

(2) 私は本を読むことが好きです。 【 books / like / I / reading / . 】

(3) もしたくさんの時間があったら，私は本を読むことを楽しみたい。
【 a lot of / if / books / to / reading / time / enjoy / want / I / have / I / . 】

(4) 私はたくさんの時間があることを望んでいます。
【 a lot of / have / I / time / I / hope / . 】

(5) もしたくさん時間があったら，アメリカに行ってみたい。
【 go to / I / a lot of / America / want to / I / if / time / have / . 】

(6) アメリカには訪れるべき場所がたくさんある。
【 in America / to visit / are / there / many places / . 】

(7) 私は海外へ行くことを望む。 【 going / wish / I / abroad / for / . 】

(8) 私は英語が好きです。なぜなら，英語を話すことは面白いからです。
【 interesting / English / because / like / is / I / English / speaking / . 】

【1回目　　／8問】　【2回目　　／8問】　【3回目　　／8問】

動名詞（～ing）　あなたの願い事を聞かせてください

Class (　　　) No. (　　　) Name (　　　　　　　　　　　　　　　)

I wish for a lot of time.

Good!! ⬆

I enjoy listening to music.

Fantastic!! ⬆

イメージがわかなかったら「たくさんの時間」としてみてはどうだろう？　時間があったら何をしたいか，考えただけでワクワクします。

Wonderful!! ⬆

自分自身の興味と絡めてライティングできましたか？　12文書けた人は，すごく力がある人です。これからもがんばろう！

Great!! ⬆

先生の添削を受けて，ここに書きなおしてみよう！

【評価のめやす】 3文でC，6文・9文でB，12文以上でA

模範解答

I hope I have a lot of time.

We can do anything if we have time.

I want to read many books if I have time.

I like reading very much.

Reading is fun for me.

My favorite is Yusuke Yamada.

I want to read all of his books someday.

　動名詞が主語になるパターンと目的語になるパターンの２つをライティングの中で，作文できていることが理想だが，英文同士のつながりも同じく大切である。文同士が「孤立」していないかチェックしながら添削していきたい。また，模範解答も下の生徒ライティングもそうだが，最後のまとめの文はsoneday を使うとまとまりやすいことも指導する。

生徒の解答例　Excellent!!

I wish for meeting Suzuki Seiya.

He is a baseball player in Hiroshima.

My father and I enjoy watching a baseball game because we love the Carp.

We are going to go to Hiroshima to watch a baseball game there.

I wish for taking a picture with him someday.

　野球が好きな生徒のライティングである。文同士でつながりがあり，文が「孤立」していない。授業では，よく「文同士ののりしろ」があるイメージでライティングしなさいと指導する。これができるようになってくると，ライティングの質は格段に上がる。やはり，３年間を使って数多くのトピックで練習させ，英作文への意識を高くさせていきたい。

生徒の解答例　Wonderful!!

I wish for both time and money.

Many of my friends want a lot of time, but I don't think so.

I can't do anything if I don't have time, but I am sad if I don't have money.

I think we need both.

Using money is difficult if we are busy.

　目標の英作文数には及ばないが，左のような解答を書いてくる生徒もクラスに１名くらいいるのではないだろうか。もはや価値観の問題になってくるが，生徒同士でお金と時間のどちらが大切か考えるのも楽しいだろう。動名詞の使用が少ないので，「模範」解答にはならないが，controversial なライティングとして，クラスでシェアした。

8 学校に制服は必要か，意見を書こう

❖ 比較（同格）❖

[標準実施時期]　1月

[単元の目標]

比較表現（特に，同格）を使って，「学校に制服は必要か」に対する意見を英作文できる。

　私が実践している比較表現の導入（「2年○組が考える地球上で最も強い動物は何だ選手権（空想含む）」）に関しては，次のトピックで詳しく書かせてもらったので，そちらをご覧になってほしい。同格表現（as ～ as ～）を学習する授業でも，同じく紹介したトーナメント戦をする場合が多い（あくまでも時間が許せば…であるが）。

　しかしながら，この同格表現を導入するときに使用している形容詞は“important”である。わざと判断がつかないような8つ（または4つ）のもの（趣味・友情・愛・お金・時間・家族などなど）をトーナメント戦の対戦相手に並べ，生徒を迷わせる。そこで同格表現を使用し，導入している。

　＊家族ネタを導入に使うときは教育的配慮が必要な生徒もいるため，慎重に。

　また，学校行事で同格表現を考えさせて導入後の練習としても面白いだろう。「体育祭と文化祭は同じくらい楽しい」とか，「入学式は卒業式と同じくらい大切である」という英語表現が出てくるかもしれない。ある授業では，2年生ながら「修学旅行と卒業式，どちらが大切か」という話題になり，盛り上がったことがある。クラスのちょうど3分の1ずつに分かれて修学旅行＞卒業式，修学旅行＝卒業式，修学旅行＜卒業式となり，それぞれの立場で英文を書いていた。やはり，生徒の身近にある話題は盛り上がり，定着率も高い。

右ページドリル解答

(1) I think that we need school uniforms.　(2) I have three reasons.

(3) School uniforms are as important as school rules.

(4) We can feel that we are the students of the school.

(5) We need money if we don't have to wear school uniforms.

(6) We need a lot of new clothes.

(7) I don't think that we need school uniforms.

(8) We can wear favorite clothes if we don't have to wear school uniforms.

Class (　　　　) No. (　　　　) Name (　　　　　　　　　　　　　　)

＊英文の最初にくる単語もすべて小文字にしてあります。

(1) 私は，私たちは制服が必要だと思います。

【 need / think / we / school uniforms / I / that / . 】

(2) 理由は３つあります。【 three / have / I / reasons / . 】

(3) 制服は校則と同じくらい大切です。　＊校則＝ school rules

【 important / are / as / school uniforms / as / school rules / . 】

(4) 私たちはその学校の生徒だと感じることができる。

【 the students / are / that / can / we / of the school / we / feel / . 】

(5) もし制服を着る必要がなかったら，私たちはお金が必要です。

【 school uniforms / don't have to / if / need / we / wear / we / money / . 】

(6) 私たちはたくさんの新しい服が必要でしょう。【 new clothes / need / we / a lot of / . 】

(7) 私は，私たちは制服が必要だと思いません。

【 we / need / don't / think / that / school uniforms / I / . 】

(8) もし制服を着る必要がなかったら，私たちは大好きな服を着られます。

【 wear / if / wear / don't have to / we / can / we / school uniforms / favorite clothes / . 】

【１回目　　／８問】　【２回目　　／８問】　【３回目　　／８問】

学校に制服は必要か，意見を書こう

Class (　　　　) No. (　　　　) Name (　　　　　　　　　　　)

_____

_____

_____

Good!! ⬆

_____

_____

_____

Fantastic!! ⬆

_____

_____

_____

Wonderful!! ⬆

_____

_____

_____

Great!! ⬆

先生の添削を受けて，ここに書きなおしてみよう！

_____

_____

think / don't think

立場を明確にしよう！

I have 数 reasons.

理由をどんどん書こう！

理由の1つを詳しく英作文しよう。「もし制服がないと，私たちは寂しい」「多くの生徒は，制服が好きだ」など。

最後の文は，So, I (don't) think that we need school uniforms. と書いて，ライティングのまとめとしよう！

【評価のめやす】3文でC，6文・9文でB，12文以上でA

I think that we need school uniforms.

I have two reasons.

School uniforms are as important as school rules.

First, we can feel that we are the students of the school.

Second, we need money if we don't have to wear school uniforms.

For these reasons, we need uniforms.

模範解答

　１文目でトピックに対する立場を明確にする。これは簡単なので，すんなりと生徒も理解できる。２文目はその理由がいくつあるのかを表す。これでそのあとの英作文に説得力が増す。３文目以降は，First, ～. Second,～. Third,～. という形でその理由を書いていくとよいだろう。最終文は For these reasons, などの表現で，まとめとしての型を指導する。

I don't think we need school uniforms.

School uniforms are not as important as school rules.

First, school uniforms are not clean.

We can't wash them every day.

Second, we have a lot of clothes, so we want to wear favorite clothes.

For these reasons, we don't need school uniforms.

生徒の解答例　Excellent!!

　このトピックは，「制服が必要」の立場のほうが英文を書きやすい。そういった話を授業でしたところ，「じゃあ，あえて反対の立場で書いてきます」といって，とある生徒が書いてきたのが左のライティングである（一部抜粋）。「なるほどな」と感じるところもあり，教師側が勉強になる。

＊I have two reasons. を省略しています。

I think we need school uniforms.

I have two reasons.

First, I like school uniforms.

Second, our school uniforms are cute.

I want to wear school uniforms at high school, too.

For these reasons, we need school uniforms.

よくある間違い例　Try Again!!

　次のトピックでも書かせてもらっているが，意見文にできるだけ説得力を持たせるために，like や cute など，主観や感情が入る単語はできるだけ避けるように指導している。ただ，英語を苦手としている生徒がここまで書いて提出したらしっかりとほめたうえでアドバイスしていく。

9 ✐ 小さな町と大きな都市の どちらに住みたいですか

❧ 比較（比較級） ❧

[標準実施時期] 1月

[単元の目標]

　比較級を使って，小さな町と大きな都市のどちらが住みよいか考え，理論的な英作文を書くことができる。

　文法事項としての比較級の導入は，教師にとって難易度は高くないのではないだろうか。既習の疑問詞 "Which" を使えば，容易にクイズなどを作ることができるし，"important" や "cute" などの価値判断を迫るような形容詞を使えば，クラス全体で意見が分かれたりして，盛り上がる。著者が昨年度行った比較級と最上級の導入を紹介する。

　挨拶後，トーナメントを黒板に描く。そこに「ゴリラ」「ゴジラ」「ピカチュウ」などの動物（？）を書いていく（この時点での比較級の説明は不要である）。トーナメント表の上部に "stronger" とだけ書いておき，トーナメント戦を開始。題して，「2年〇組が考える地球上で最も強い動物は何だ選手権（空想含む）」である。勝敗は簡単で，教師が "Which is stronger, gorilla or cow? What do you think?" というような質問に強いと思う方を挙手させ，過半数を得た動物が勝ち。準決勝，決勝と勝ち上がり，優勝した動物を最上級の strongest で表現して，導入を終える。トーナメントを使えば，ひと目で優劣がわかるし，比較級と最上級の導入には最適だと考えている。何度も比較級を生徒に聞かせることも可能である。

　この比較級の導入で使う「トーナメント選手権」で，動物（怪獣？）編よりも盛り上がったのが，「2年〇組にとって最もイライラするのは何だ選手権」である。「夜中の蚊」や「渋滞」，「たくさんの宿題」「重い通学鞄」など生徒の生活に関連するものをトーナメントで競わせた。また，"Which is more important?" で「愛」「時間」「お金」「水」などを競わせたときも盛り上がった。

右ページドリル解答

(1) I like a small town better. 　　　　(2) I like a big city better.

(3) I have three reasons.

(4) A small town is more beautiful than a big city.

(5) A big city is more convenient than a small town. 　(6) A small town has a lot of nature.

(7) A big city has a lot of shops.

(8) Living in a small town is more interesting than living in a big city.

Class (　　　　) No. (　　　　) Name (　　　　　　　　　　　)

＊英文の最初にくる単語もすべて小文字にしてあります。

(1) 私は，小さい町のほうが好きです。【 better / like / I / a small town / . 】

(2) 私は，大きな都市のほうが好きです。【 like / a big city / I / better / . 】

(3) 理由は3つあります。【 three / reasons / have / I / . 】

(4) 小さな町は，大きな都市よりも美しいです。
【 a big city / beautiful / is / more / a small town / than / . 】

(5) 大きな都市は，小さな町よりも便利（convenient）です。
【 a small town / convenient / is / than / more / a big city / . 】

(6) 小さな町にはたくさんの自然があります。【 has / nature / a small town / a lot of / . 】

(7) 大きな都市にはたくさんのお店があります。【 shops / a lot of / a big city / has / . 】

(8) 小さな町に住むことは，大きな都市に住むことよりも面白いです。
【 living / a big city / is / in / more interesting / living / than / a small town / in / . 】

【1回目　　／8問】【2回目　　／8問】【3回目　　／8問】

小さな町と大きな都市の どちらに住みたいですか

Class (　　　　) No. (　　　　) Name (　　　　　　　　　　　　　)

Good!! ⬆

I like ◯◯ better.
どちらか選ぼう！

Fantastic!! ⬆

I have 数 reasons.
理由をどんどん書こう！

理由の１つをどんどん掘り下げて英作文しよう。「たくさんのお店がある」「有名なお店が多い」「電車が多く便利である」などが書きやすいですよ。

Wonderful!! ⬆

Great!! ⬆

「将来大きな都市で働きたい」など，将来のことを英作文していっても，OK。文末に "in the future" という表現を使いましょう！

先生の添削を受けて，ここに書きなおしてみよう！

【評価のめやす】３文でC，６文・９文でB，12文以上でA

模範解答

I like a small town better.

I have three reasons.

First, a small town has a lot of nature.

Second, a small town is more beautiful than a big city.

Third, shops are not crowded in a small town.

For these reasons, I think a small town is better than a big city.

　小学生が発表するときの「話型」に当たるのが左のような英作文である。１文目でトピックに対する立場を明確にして，２文目はその理由がいくつあるのかを表す。これでそのあとの英作文に説得力が増す。３文目以降は，First, 〜. Second, 〜. Third, 〜. という形でその理由を書いていく。最終文は For these reasons, から始め，まとめとしての型を指導する。

生徒の解答例　Excellent!!

I like a big city better.

I have three reasons.

First, a big city has many shops.

We can enjoy shopping there.

Second, a big city has many trains and buses.

It is very useful.

Third, a big city has many places to work.

For these reasons, I think a big city is better than a small town.

　左の生徒ライティングも３つの理由が書かれているが，その理由それぞれに対してもう１文「支え」となるような英文が加えられている。この１文があることで，説得力が増し，論理的なライティングになる。place to work といった不定詞も使えているし，複数形・三単元の s も正確に書けている。

よくある間違い例　Try Again!!

I like a big city better.

I have three reasons.

First, I like Tokyo.

Second, Tokyo is interesting.

I like Shibuya.

Third, I don't like a small town.

For these reasons, I think a big city is better than a small town.

　この「意見文」と呼ばれているライティングを指導していく上で，"（don't）like" や "interesting" といった主観や感情が混じる表現はできるだけさけるよう指導する。一方で，「有名な店が多い」「働く場所が多い」「電車やバスが多い」などの「事実」が書かれていれば，説得力は一気に上がると話し，多くの英文を書かせる。

10 一番好きな映画（本・アニメ・教科）を教えてください

❖ 比較（最上級）❖

[標準実施時期] 1月～2月

[単元の目標]

最上級を用いて，自分の興味ある本やアニメ，教科などを英作文できる。

　英語の比較級・最上級を中学生に指導していく中で，避けたいのが「パッと見て長い形容詞は more や most 型だよ」といった説明の仕方である。教科書の進度の都合や様々な活動の時間を確保したいのもわかるが，文法の説明に関しては正確な言葉でもって，生徒の理解を促したい。具体的には，「長い」というのは，どこまでが「長い」に当たるのだろうかということである。"nice" や "wide" といった形容詞は「長くない」し，"interesting" や "beautiful" といった形容詞が「長い」ということは分かる。ただ，"tired" は「長い」のだろうか？ "heavy" はどうだろう？ "simple" は？ "famous" は？ こういった教師の曖昧な定義付けから生徒は混乱し，英語を苦手に感じるようになるのではないかと思えてならない（heavy と simple は est（er）型，tired と famous は most（more）型である）。

　英語学習も2年目を終えようとしている時期である。著者はこの文法の説明をするときは，決して「長い単語は more，most で～」といった説明をしない。代わりに音節の話をする。取り上げた形容詞を指折り発音しながら音節を数えさせ，三音節以上あるものは more，most 型であるときちんと定義付けする（それでも納得いかない顔をする生徒は，個別に指導していく）。

　文法説明の時間を2時間も3時間もとれる時間的余裕は現在の中学校にはないだろう。4技能をバランスよく伸ばす指導をしていくべきであるし，スピーチや語彙指導，発音など，指導すべきことは山ほどある。そういった状況の中で，文法説明の時間は短くして，教師が使う言葉は精選されるべきである。精選された言葉で短く端的に説明し，浮いた時間を他の指導や様々な活動を行う時間に充てる。

　　　右ページドリル解答

(1) I like Dolphin Tale the best.　(2) Dolphin Tale is the most impressive movie.

(3) I like Harry Potter the best.　(4) Harry Potter is the most interesting of all books.

(5) I think Japanese is the most important subject.

(6) Japanese is more popular than math in my class.

(7) My teacher teaches me Japanese well.

(8) I want to be a Japanese teacher.

Class (　　　　) No. (　　　　) Name (　　　　　　　　　　　　　　)

＊英文の最初にくる単語もすべて小文字にしてあります。

(1) 私は，「イルカと少年（Dolphin Tale）」が一番好きです。

【 Dolphin Tale / I / the best / like / . 】

(2) 「イルカと少年」は最も感動的な映画です。

【 movie / most / is / the / Dolphin Tale / impressive / . 】

(3) 私は，ハリーポッター（Harry Potter）が一番好きです。

【 Harry Potter / I / the best / like / . 】

(4) ハリーポッターは，すべての本の中でもっとも面白いです。

【 of / interesting / the / is / most / all books / Harry Potter / . 】

(5) 国語は，もっとも大切な教科だと思います。

【 I / most / is / important / think / the / Japanese / subject / . 】

(6) 私のクラスで，国語は数学よりも人気があります。

【 math / popular / is / more / than / Japanese / in my class / . 】

(7) 私の先生は上手に国語を教えます。 【 me / teaches / Japanese / my teacher / well / . 】

(8) 私は，国語の先生になりたいです。 【 Japanese teacher / be / I / want to / a / . 】

【１回目　　／８問】 【２回目　　／８問】 【３回目　　／８問】

一番好きな映画（本・アニメ・教科）を教えてください

Class (　　　　) No. (　　　　) Name (　　　　　　　　　　　　　　　)

Good!! ⬆

I like ○○ the best.
好きなものを○に入れよう！

Fantastic!! ⬆

It is impressive.
形容詞を使おう！

Wonderful!! ⬆

なぜそれが好きなのか，できるだけたくさんの理由を英作文しよう！　比較級を使って，他と比べてみても面白いですね。

Great!! ⬆

「将来アニメを勉強したい」「将来作家（a writer）になりたい」など，将来のことを最後に英作文して，まとめとしよう！

先生の添削を受けて，ここに書きなおしてみよう！

【評価のめやす】３文でC，６文・９文でB，12文以上でA

I like "Harry Potter" the best.

I think it is the most interesting book of all.

I can forget bad things when I read it.

My father gave me the newest book for my birthday last week.

I was really happy.

I want to write a story like "Harry Potter" someday.

模範解答

　2年生最後のトピックなので，2年生で学習した文法が多ければ多いほど評価は高い。be動詞の過去形，助動詞，不定詞など多くの文法を学習したが，特に使用させたいのが接続詞である。文と文をつなげる役割がある接続詞は，1つライティングに含まれて，正確に使用できているだけで，かなりよいライティングになるだろう。

生徒の解答例　Excellent!!

I like Hoshi Ken the best.

He is the coolest singer in Japan.

I am a big fan of him.

I went to his concert with my family when I was in an elementary school.

The concert was very impressive.

We were really happy.

I want to sing his song with him someday.

　最上級，接続詞，be動詞の過去形，不定詞といった文法を正確に使えており，表現豊かなライティングになっている。様々な音楽文化，アニメ文化，本や雑誌が発達している現在，生徒が大好きなものは，必ず1つはあるはずである。それを既習の英文法を使いながら，目標作文数を決めて指導しながら，最終的には多くの英作文を書けるようにしたい。

よくある間違い例　Try Again!!

I like Kubo Shunsuke best.

I like soccer very much.

He is˅best player in Japan.

He is˅coolest **in** all.

I want to watch his soccer games.

He is˅coolest player **in** all soccer players.

I want to be like him.

　「～の中で」と英文の最後に表現したいときに，of か in のどちらを使うのかという区別が大切である。色々な例文を示しながら解説するのもよいかもしれないが，できるだけ簡潔に話をしたい。著者の場合は，all と数字が of。それ以外はすべて in になると指導している。こうすることで，生徒たちが覚えるべき項目が減り，学習負担は減る。

3年生は結果にこだわる
テーマ別英作文
ドリル＆ワーク

自分の住んでいる街を紹介しよう

❖ 受け身 ❖

[標準実施時期]　4月

[単元の目標]

　受け身を使いながら，自分の住んでいる町について英語で紹介文を書くことができる。

　さて，受け身に関して理解・習熟させるための最初のハードルが，過去分詞の存在である。ある程度のパターンはあるものの，覚えるべき動詞の過去分詞形も少なからず存在する。できるだけ覚えるという作業は省いてやりたいのが本音だが，言語の学習をしている以上，一定の記憶作業は必要である。そんな中で，教師としてできることは，生徒たちに「いつの間にか覚えてしまっていた」と感じさせてやることだろうと思う。先生方でその手法は様々だろうと思うが，方法の1つとして著者が行っている活動を紹介する。

　動詞の変化（現在形一過去形一過去分詞形）を習熟させるために，その変化を4つのパターンに分類したプリントを配布する。1つ目のパターンが play や study などに代表される過去形と過去分詞形が同じパターン（著者は A-B-B 動詞と呼ぶ）。2つ目のパターンが do や eat に代表される現在形一過去形一過去分詞形すべてが違うパターン（A-B-C 動詞）。3つ目が cut や read に代表されるすべての形が同じパターン（A-A-A 動詞）。最後が come に代表される現在形と過去分詞形が同じパターン（A-B-A 動詞）である。これらを一覧にし，生徒に配布するのである。著者は，それらの動詞をある程度口頭練習した後，教師が "play!" といったら，生徒は "play-played-played!" と大きな声で言う口頭テストをする。そのテストは A-B-B 動詞の中から2つ，A-B-C 動詞の中から2つ，A-A-A 動詞の中から1つ，A-B-A 動詞の中から1つ，合計6つの変化を正しく20秒以内に言えたら合格というもので，もちろん練習しないと合格できない。しかし，練習を積めば合格できる時間に設定されており，クラス全体で盛り上がりながら練習できる（学年やクラスの学力によって，制限時間を調整する）。

　　　右ページドリル解答

(1) I live in Nagata city in S.

(2) It is in the west of Japan.

(3) There are many places to visit in Nagata city.

(4) Kasumi park is loved by many people.

(5) Sakai Library is loved by many students.

(6) Many kinds of books are read there.

(7) Nagata junior high school was built in 1980.

(8) Nagata city is cleaned in volunteers every year.

Class (　　　) No. (　　　) Name (　　　　　　　　　)

＊英文の最初にくる単語もすべて小文字にしてあります。

(1) 私はＳ県の長田市に住んでいます。【 S / in / in / Nagata city / live / I / . 】

(2) それは日本の西にあります。【 of / the / is / west / in / Japan / it / . 】

(3) 長田市には，たくさんの訪れるべき場所があります。
【 Nagata city / visit / many / to / in / places / are / there / . 】

(4) かすみ公園は，多くの人々に愛されています。
【 many / loved / is / by / people / Kasumi park / . 】

(5) さかい図書館は多くの学生に愛されています。
【 students / by / is / many / loved / Sakai Library / . 】

(6) そこでは，多くの種類の本が読まれています。
【 are / there / books / read / many kinds / of / . 】

(7) 長田中学校は，1980年に建てられました。
【 1980 / built / was / in / Nagata junior high school / . 】

(8) 長田市はボランティアで毎年掃除されています。
【 cleaned / every year / is / in volunteers / Nagata city / . 】

【1回目　　／8問】　【2回目　　／8問】　【3回目　　／8問】

自分の住んでいる街を紹介しよう

Class (　　　) No. (　　　) Name (　　　　　　　　　　　　)

Good!! ⬆

Fantastic!! ⬆

Wonderful!! ⬆

Great!! ⬆

図書館

the library
街の施設について書こう！

○○ is used by many people
受け身の文を書こう！

紹介した施設の創立や，そこで
できることを英文にしてみよう。
また，「多くの人に愛されてい
る」などの受け身の文を書ける
とよいですね。

街の観光スポットは英文にしま
したか？　そこに行ったことが
あれば，感想も英語に直すこと
ができたら，さらによい作文に
なりますね。

先生の添削を受けて，ここに書きなおしてみよう！

【評価のめやす】3文でＣ，6文・9文でＢ，12文以上でＡ

模範解答

I live in Sakai city in Fukui.

Sakai has a lot of places to visit.

Harue Library is loved by people.

Many children read books there.

It is used by many students, too.

Tojimbo is famous for the view.

It is visited by many foreign people.

You can enjoy swimming there.

I like my city very much.

　模範解答のように，受け身を使用しながら，自分の住んでいる街の地理的紹介，市民から愛されているもの，さらに観光スポットも紹介できたら，そのライティングは素晴らしいものになるだろう。"be famous for" もこういったトピックで使いやすい表現なので押さえておきたい。

生徒の解答例　Excellent!!

I live in Awara city in Fukui.

Awara is famous for manga,

"Chihayafuru" is written by a cartoonist from Awara city.

It is loved by many students.

It is about karuta and I play caruta.

"Chihaya" plays karuta really well in the manga.

I want to be like "Chihaya" someday.

　左の生徒のライティングは，多少流れが分かりにくい（いきなり「ちはや（漫画の主人公）」が出てきている）点はあるものの，1つのテーマ（自分の住んでいる街出身の漫画家が書いた人気漫画について）に絞ってライティングできていて，分かりやすい。いつか「ちはや」のようになりたいという文でまとめている点も素晴らしい。

よくある間違い例　Try Again!!

I live in Higashi city.

It is in the west of Japan.

I like Higashi city.

Higashi city is beautiful.

Higashi city is visited by many people.

Higashi city is loved by many people.

I love my city.

　左のライティングは，具体例（観光スポットやその街で人気の場所など）が乏しく，読んでいてあまり惹かれるものがない。ただ，英語が苦手な中学3年生にとっては，ここまで書くことができれば十分かもしれない。受け身の文も2文作っているし，文法的な間違いもない。その生徒の学力別で指導を変えていくことも考えていく必要がある。

あなたにとって幸せとは何ですか

❖ make A + B ❖

[標準実施時期] 4月～5月

[単元の目標]

　自分が興味のあることを考え，make を使って自分にとっての幸せとは何かについて，英作文できる。

　3年生の2つ目のトピックである。テーマは，「あなたにとって幸せとは何ですか」である。生徒によって興味関心は違うし，何をやっている時が幸せか，それぞれ感じ方は異なる。だからこそこのトピックで英作文を書かせ，自己表現を促す。授業の進度によるが，時間が許す範囲で完成した英作文を発表させることで，生徒同士の理解が深まり，学級経営にもつながっていくだろう。よく先生方から「時間がないので全員発表なんて無理だし，何よりクラス全員分の英作文を発表している間他の生徒がだらけてしまう」という話を聞く。そんなときには，毎時間2人～3人ずつ発表させてはどうだろうか。ライティングが完成した生徒からスタートでもいいし，出席番号順でもいい。人前に出て発表する機会は，その経験を積めば積むほど発表の仕方が上手になっていくので，ぜひどんどん発表させて，経験を積ませたい。

　文法導入，教科書の本文を読み取った後に，教科書に記載されていた「写真」を使って生徒に考えさせた年があった。毎日の生活に追われ，貧しいながら懸命に勉強に励んでおり，素敵な笑顔で微笑んでいるアフリカの少女の写真である。日本よりも良いとは言い難い環境の中で暮らしている少女が，「なぜここまでの笑顔を見せることができるのか」「何が彼女を幸せにさせているのか」考えさせた。「What makes her so happy?」「What makes her smile?」という発問で，5文程度の英作文を課した。良いとは言い難い環境の中で懸命に生きている少女の幸せを考えることで，自分の生活や考え方を振り返り，道徳的な価値観を考えさせることにつながった。

右ページドリル解答

(1) I am interested in music.

(2) I always listen to music in my free time.

(3) Music makes me happy.

(4) There are many kind of music in the world.

(5) I want to know about music more.

(6) I got an iPod on my birthday.

(7) It made me happy.

(8) I use it every night.

(9) My favorite songs make me excited.

使える1文ドリル　あなたにとって幸せとは何ですか

Class (　　　) No. (　　　) Name (　　　　　　　　　　　　)

＊英文の最初にくる単語もすべて小文字にしてあります。

(1) 私は音楽に興味があります。【 music / interested / I / in / am / . 】

(2) 私の自由な時間に，私はいつも音楽を聴きます。　＊always は一般動詞の直前に書こう！
【 always / music / I / in my free time / listen to / . 】

(3) 音楽は私を幸せにします。【 me / makes / happy / music / . 】

(4) 世界にはたくさんの種類の音楽があります。
【 in / kind of / are / music / many / the world / there / . 】

(5) 私はもっと音楽について知りたいです。【 music / know / more / want to / about / I / . 】

(6) 私は誕生日プレゼントに iPod を貰いました。【 got / on my birthday / I / an iPod / . 】

(7) それは私を嬉しくさせました。【 happy / made / it / me / . 】

(8) 私はそれを毎晩使います。【 every night / use / it / I / . 】

(9) 私のお気に入りの曲は私を興奮させます。
【 excited / make / favorite / me / songs / my / . 】

【1回目　　／9問】【2回目　　／9問】【3回目　　／9問】

make A + B　あなたにとって幸せとは何ですか

Class (　　　) No. (　　　) Name (　　　　　　　　　　　)

_____

_____

_____

Good!! ⬆

be interested in 〜
興味があることを書こう！

_____

_____

Fantastic!! ⬆

○○ make(s) A + B
○○は私を幸せにさせる。

_____

_____

Wonderful!! ⬆

興味があることを詳しく書いて
みよう。なぜそれに興味がある
のか，いつからそれに興味があ
るのか書けるとよいですね！

_____

_____

Great!! ⬆

興味があることを詳しく書きな
がら，もう１度 make A + B の
表現を使えるとさらに Good！
「○○は私の友達も幸せにさせ
る」でも OK！

先生の添削を受けて，ここに書きなおしてみよう！

_____

_____

【評価のめやす】３文でC，６文・９文でB，12文以上でA

模範解答

I am interested in social studies.

My father teaches social studies at a high school.

He taught me about Japanese history when I was a child.

It was very interesting.

Now, social studies make me happy.

I want to be like my father someday.

　左の模範解答のような（父が高校の社会科教師で，幼少のころから日本史について教えてくれていた）生徒はごくまれだと思う。しかしながら，自分の興味のあることについて，今までの経験や楽しかった思い出などを交えてライティングできると，とてもよい作品になる。

生徒の解答例　Excellent!!

I am interested in music.

I listen to music every night.

Listening to music makes me happy.

I went to my favorite singer's concerts last year with my best friend, Yuki.

We were very happy because we were big fans of her.

Her voice made me happy when I was sad.

I want to sing like her someday.

　左の生徒のライティングの素晴らしい点は，2年生で学習した文法（動名詞・最上級・接続詞・不定詞など）を総動員して書いている点である。特に接続詞は習熟が難しく，生徒の理解が問われる文法であるが，見事に使いこなせている。さらに，make A + B の表現も2回使えている。3年生のこの時期でここまで書ける生徒は稀である。素晴らしい！

よくある間違い例　Try Again!!

Soccer **make** me happy.

I play soccer after school.

I play it with my friend.

Soccer **make he** happy, too.

I like soccer very much.

I am a member of the soccer club.

My teacher **teach** me soccer.

I love soccer.

　動名詞から始まるパターン（Playing soccer makes me ～."もそうだが，この make A + B の表現で生徒が頻繁にする間違いは，三単現の s を忘れるミスである。また，make の直後の"A"の部分は代名詞の目的格になることも，併せて指導したい。

3 日本の文化を紹介しよう

❖ call A + B ❖

[標準実施時期] 5月

[単元の目標]

call A + B（AをBと呼ぶ）を使って，日本文化について英語で紹介文を書くことができる。

---

　call A + B（AをBと呼ぶ）を使って，日本文化を紹介するトピックである。この英作文を課すと，生徒たちは必ず「日本文化って…具体的に何ですか？」という質問をしてくる。毎日当たり前のようになっている日本独自のものを1つ見つけて，それを英作文で書きあげるというのは，中学生にとってはかなり難易度が高いことなのである。そこで，私は日本独自の文化をいくつも提示して，その中から書きやすいものを選びなさいと指示している。例えば，行事（七五三やひな祭り，正月やお盆など）・食べ物（豆腐や納豆，てんぷらなど）・スポーツや遊び（剣道，柔道，相撲，将棋など）・自然や建物（富士山，清水寺，法隆寺など）・その他の生活用品（ふろしきやこたつ，ふとんなど）が挙げられる。

　また，英作文指導をしていくステップとして，ブレインストーミングをしてみてはどうだろうか。中央の円にテーマとなる単語（相撲・富士山・正月など）を書き入れて，そこから派生して情報を木の枝のように継ぎ足していく手法である。一定時間を設定し，できるだけたくさんの情報（日本語でOK）が枝分かれしていくように生徒たちにテーマについて深く考えさせる。その後，たくさんある情報から「英語で書けそうな情報に赤で丸」をするなどして，意識付けをさせる。そうすることで，赤の数だけ英作文の数を書けるということになり（10個の赤丸があったら10文の英文が書ける），頭の中が「見える化」されて，より分かりやすくなる。

　　　右ページドリル解答

(1) This is called sushi.

(2) Sushi is a popular Japanese food.

(3) It is made of rice and fish.

(4) It is loved by many Japanese.

(5) Many foreign people come to Japan to eat sushi.

(6) This is called shogi.

(7) It is played by two players.

(8) They are called kishi.

(9) It is played by a lot of Japanese.

Class (　　　　) No. (　　　　) Name (　　　　　　　　　　　　　)

＊英文の最初にくる単語もすべて小文字にしてあります。

(1) これは「寿司」と呼ばれています。【 called / this / sushi / is / . 】

(2) 寿司は人気のある日本食です。【 food / popular / is / Japanese / a / sushi / . 】

(3) それはお米と魚で作られています。【 rice and fish / made / it / of / is / . 】

(4) それは多くの日本人に愛されています。【 many / is / by / Japanese / loved / it / . 】

(5) 多くの外国人が寿司を食べるために日本に来ます。　＊外国人＝ foreign people

【 sushi / come / many / to Japan / foreign people / to eat / . 】

(6) これは「将棋」と呼ばれています。【 shogi / this / called / is / . 】

(7) それは，2人で行われます。【 by / it / two / played / is / players / . 】

(8) 彼らは「棋士（きし）」と呼ばれています。【 kishi / called / are / they / . 】

(9) それは多くの日本人によって行われています。

【 Japanese / played / a lot of / by / it / is / . 】

【1回目　　／9問】　【2回目　　／9問】　【3回目　　／9問】

Class (   ) No. (   ) Name (   )

This is called _____ .

_____

_____

_____ Good!! ⬆

_____

_____

_____ Fantastic!! ⬆

_____

_____

_____ Wonderful!! ⬆

_____

_____

_____ Great!! ⬆

紹介するものを絵に描こう！

Mt. Fuji
有名な山を紹介しても **OK**.

紹介したもの（自然や場所でも **OK**）の特徴を詳しく書こう！使ったこと，言ったことがある場所なら，さらに書きやすいですね。

受け身の文法は使いましたか？「それは〜によって使われる」「多くの人によって愛されている」などの英文を書いてみよう！

先生の添削を受けて，ここに書きなおしてみよう！

_____

_____

【評価のめやす】３文でＣ，６文・９文でＢ，12文以上でＡ

模範解答

This is called Mr. Fuji.

It is loved by many Japanese.

Many people climb it every year, but you can go there between July and September.

It is very dangerous during winter.

I went there with my family last year.

It was hard for me, but the view was impressive.

　生徒たちは必ずどこかで日本文化を体験したり，見たりしたことがあるだろう。その経験を英作文の中で表現できていたら，素晴らしいライティングになる。将棋をさしたことがある，富士山に登ったことがある，おにぎりを作ったことがある，納豆を毎朝食べている，など自己表現も交えて英作文させたい。

生徒の解答例　Excellent!!

This is called an onigiri.

It is a popular Japanese food.

It is made of rice.

There are many kinds of onigiri.

You can eat it anywhere.

It is loved by many Japanese people.

My favorite is "Kombu".

I often eat it for lunch.

I like it very much.

　受け身は２回も使っているし，there is/are も使っている。また，anywhere という単語は習熟が難しいにもかかわらず，正しく作文できている。おにぎりを直接紹介するだけではなく，"My favorite 〜." の英文で，自分の好みの味を紹介している点は，とても中学生らしいライティングであると言える。

よくある間違い例　Try Again!!

This is called sumo.

Itˇplayed two people.

Sumo player is big.

The game is simple.

It is very interesting.

I watch it with my father.

Sumo is the traditional sport of Japan.

I like it very much.

　生徒たちは，受け身の形を過去形と勘違いしてしまうのか，be 動詞が抜け落ちている英作文が意外にも多い。「１つの文の中に動詞は基本的には１つである」と指導されている生徒にとって，過去分詞形と be 動詞を一緒に書くのは違和感があるのかもしれない。３年生で学習する文法のキーポイントは，まずは過去分詞形の理解と習熟だろう。

4 自己紹介をバージョンアップしよう

♣ 現在完了形（継続・完了用法）♣

[標準実施時期]　5月〜6月

[単元の目標]

　現在完了形の継続用法と完了用法を使って，表現豊かな自己紹介文を書くことができる。

　現在完了形の継続用法や完了用法を使って，「バージョンアップした」自己紹介文を英作文で書き上げることがこのトピックの課題である。1年生のときに書いたであろう部活動や放課後行っていることに関する英作文，"I play tennis after school." という英文を，"I have played tennis for three years." と，自分の中でバージョンアップできれば合格。ただ，それだけではなく "I have been a member of the tennis club." という英文や "Mr. Sato has taught me tennis for three years." などとも書くことができるだろう。部活動だけでもこれだけ考えられるので，その他の自分に関する情報を，現在完了形を使って書かせたい。

　ただ，やはりここでも大切になってくるのが，動詞の過去分詞形の理解と習熟である。指導が抜けがちなのが be 動詞の変化で，ある程度学力がある生徒でも，been を使って「私は3年間ずっとサッカー部の一員である」という英文を書けなかったりする。4月に指導するであろう動詞の変化を怠ると，向こう数ヶ月間生徒たちの理解が遅れてしまうことを念頭に入れて，しっかり習熟させて現在完了形の導入を行いたい。

　その方法は，94ページを参照していただきたいが，もちろんこの方法だけでクラス全員の理解が進んでいるとはいいがたい。折に触れて，この動詞は「A-A-A 動詞だね。」と確認したり，事前に配付してある動詞一覧表を確認させたりしながら，授業を進めていく。

右ページドリル解答

(1) I have played soccer for three years.　(2) Soccer is loved by many people.

(3) Soccer is a very popular sport in Brazil for a long time.

(4) Paulo has been a popular player.　(5) I want to be like him.

(6) I have studied English for three years.　(7) I have not decided my future job yet.

(8) However, I want to use English in the future.　(9) English is very important to me.

使える1文ドリル　自己紹介をバージョンアップしよう

Class (　　　) No. (　　　) Name (　　　　　　　　　　　)

＊英文の最初にくる単語もすべて小文字にしてあります。

(1) 私は，３年間サッカーをしています。【 for / I / three years / played / soccer / have / . 】

(2) サッカーは，多くの人々に愛されています。【 many people / loved / by / soccer / is / . 】

(3) サッカーは，長い間ブラジルでとても人気のあるスポーツです。
【 very / in Brazil / popular / for a long time / a / soccer / is / sport / . 】

(4) パウロは，ずっと人気のある選手です。【 popular / player / a / been / Paulo / has / . 】

(5) 私は彼のようになりたいです。【 like / be / him / I / want to / . 】

(6) 私は３年間英語を勉強しています。【 three years / studied / I / English / for / have / . 】

(7) 私はまだ将来の職業を決めていません。
【 my future job / not / I / decided / yet / have / . 】

(8) しかしながら，私は将来英語を使いたいです。　＊しかしながら＝ however
【 I / in the future / use / English / want to / however / , / . 】

(9) 英語は私にとって，とても大切です。【 to / is / me / English / very important / . 】

【1回目　　／9問】【2回目　　／9問】【3回目　　／9問】

自己紹介をバージョンアップしよう

Class (　　　) No. (　　　) Name (　　　　　　　　　　　　)

Good!! ⬆

have played baseball
続けていることを書こう！

Fantastic!! ⬆

a good baseball player
好きな選手について書こう！

Wonderful!! ⬆

部活や習い事について継続用法を使って書けたら，完了用法に挑戦。「私はもう将来の職業を決めた」など，夢について書くとよいですよ！

Great!! ⬆

将来の職を決めた理由や，まだ決まっていない理由などを書いてみよう。because を使って英文をつなげると，さらによい作文になります！

先生の添削を受けて，ここに書きなおしてみよう！

【評価のめやす】３文でC，６文・９文でB，12文以上でA

I have played the piano for six years.

At first, my mother taught it to me, but Ms. Sato teaches it to me.

I have practiced it really hard for a long time, so I am good at piano.

I have not decided my future job yet, but I want to play the piano like Ms. Sato.

I have wanted to be like her for a long time because she plays the piano well.

模範解答

　通り一辺倒のライティングでは，読み手を引き付けることはできない。ピアノを習っているのならその先生，野球を一生懸命練習しているのなら尊敬するプロ野球選手など，具体的に英作文をたくさん書かせたい。3年間で生徒の英語表現は格段に広がっている。知識を総動員して，1年生の時に書いた自己紹介をバージョンアップさせよう。

I am Harutaka Sato.

I like music very much.

I have been a big fan of SEKAOWA for three years.

I listen to their music every night.

I have never been to their concerts, so I want to go there someday.

My friend has been there, so we often talk about it after school.

生徒の解答例　Excellent!!

　左の生徒のライティングは，個々の英文は平易だが，そのつながりが素晴らしい。好きなアーティストを紹介して，コンサートのことなどを友人のことを交えながら英作文が書けた。使っている単語自体は難しくないが，テーマを1つに絞り，現在完了形を使ってここまで具体的でつながりあるライティングを書けるのは素晴らしい。これまでの努力がうかがえる。

I am Ito Kenji.

I have studied English for three years.

I like it very much.

I have played soccer for six years.

I am a big fan of Kubo Shuji.

I want to be like him.

I have never played soccer with him, so I want to play it with him.

I have lived in Higashi for fourteen years.

惜しいミス　Try Again!!

　左の英作文のように，文法は完璧だがテーマがあちこちにいってしまっている（英語，サッカー，住んでいる街）場合は，あまりライティングとしての評価は高くできない。しかし，英語が苦手な生徒がこういった英作文を書いてきた場合は，大いにほめるべきである。あくまでも学力に応じた声掛けをしたい。

5 修学旅行の思い出を英語で書いてみよう

❖ 現在完了形（経験用法）❖

[標準実施時期]　6月〜7月

[単元の目標]

修学旅行を振り返り，現在完了形を使ってその思い出や経験したことなどを英作文できる。

　特別な事情がある場合以外は，すべての中学生が修学旅行に行き，そこで伝統的な建物を見たり，名所を訪れたりして研修を行う。著者の勤務している中学校では，毎年6月に東京へ修学旅行に行き，班別行動を楽しんだり，クラス別研修として横浜やお台場に行ったりして，3日間研修を行う。英語以外の教科でも，修学旅行に絡めた学習（国語の作文・スピーチ活動など）を行うと思うが，英語科としても修学旅行に絡めた学習をしていきたい。

　そこで，修学旅行に関する英作文である。著者が勤務する学校の英語科では，修学旅行の3日間をそれぞれ午前・午後の6つのパートに分けて英作文を課す。それぞれ10文以上を目安として書いていき，最終的には修学旅行の英作文として60文（英語が得意な生徒で100文）以上の文章ができあがる。また，「○○へ行きました」「○○を訪れました」という単なる事実の羅列ではなく，学習した現在完了形の経験用法などを織り交ぜた作文にするよう指示する。

　直近の定期テストでは必ず修学旅行に関する英作文を出題することを明言し，生徒自身が書いた英作文が自分のものになるまで音読を重ねさせ，クラス全体でスピーチを行う。誰がいつスピーチするのか決めておくと，生徒たちも見当がつき，練習を重ねてくる。もちろん，授業で指導したこと以外を定期テストで出題すべきではない。その期間で修学旅行の英作文に取り組んだのであれば，配点された定期テストを課すべきだ。たくさんのスピーチ練習の時間と機会を確保し，ライティングを自分のものになるまで音読し，習熟させた上で定期テストに臨ませたい。素晴らしい作品はその後の文化祭で展示をしたり，英文を精選して写真を交えながら文化祭のステージで発表してもらったりしている。

（右ページドリル解答）

(1) We went to Kyoto on a school trip.　(2) Kyoto is an old and traditional city.

(3) There are many traditional buildings there.　(4) My favorite was Kiyomizu-dera.

(5) I have been to Kyoto, but I enjoyed the view again.

(6) We went to Kyoto Tower, too.　(7) I bought a present for my sister.

(8) I have never been to Hokkaido.　(9) I will never forget this trip.

修学旅行の思い出を英語で書いてみよう

Class (　　　　) No. (　　　　) Name (　　　　　　　　　　　　　　)

＊英文の最初にくる単語もすべて小文字にしてあります。

(1) 私たちは修学旅行で京都に行きました。 【 Kyoto / we / to / on a school trip / went / . 】

(2) 京都は古くて伝統的な都市です。 【 city / and / an / Kyoto / old / is / traditional / . 】

(3) そこには多くの伝統的な建物がありました。
【 there / traditional / are / buildings / many / there / . 】

(4) 私のお気に入りは清水寺でした。 【 was / Kiyomizu-dera / my favorite / . 】

(5) 私は京都に行ったことがありますが，私はその景色をもう一度楽しみました。
【 but / I / view / been to / enjoyed / I / Kyoto / the / again / have / , / . 】

(6) 私たちは京都タワーにも行きました。 【 too / to / Kyoto Tower / went / We / , / . 】

(7) 私は妹にプレゼントを買いました。 【 my sister / present / for / I / a / bought / . 】

(8) 私は北海道に一度も行ったことがありません。 【 Hokkaido / never / I / been to / have / . 】

(9) 私はこの旅を決して忘れないでしょう。 【 this trip / will / I / never / forget / . 】

【１回目　　　／９問】　【２回目　　　／９問】　【３回目　　　／９問】

修学旅行の思い出を英語で書いてみよう

Class (　　　) No. (　　　) Name (　　　　　　　　　　　　　)

Good!! ⬆

Fantastic!! ⬆

Wonderful!! ⬆

Great!! ⬆

an old building

行った場所を紹介しよう！

a temple

他にも行った場所を紹介！

もし修学旅行で行った場所に，以前行ったことがあるなら，**have been to** ～を使って，現在完了形で表現してみよう！

最後は，「私は決してこの旅を忘れないでしょう（ドリル９番参照）」で，修学旅行の思い出ライティングのまとめの文としよう！

先生の添削を受けて，ここに書きなおしてみよう！

【評価のめやす】３文でＣ，６文・９文でＢ，12文以上でＡ

模範解答

We went to Kyoto on a school trip.

Kyoto is an old and beautiful city.

I think Kyoto is the most traditional city in the world.

My favorite was Kinkakuji-temple because it was really bautiful.

I have been to Kyoto before, but I could enjoy visiting there.

I will never forget this trip.

　修学旅行を楽しみにしていないという生徒は少ないだろう。だからこそ，旅行後にたくさんの英文を書かせて力をつけさせたい。そのためにも，旅行の前から「修学旅行から帰ってきたら，こういう活動をしてこういう英文をどのくらい書くよ。定期テストにも出題予定だよ」と事前に明言しておく。そうすることで，より学ぼうとする意欲付けになる。

生徒の解答例　Excellent!!

We went to Tokyo on a school trip.

On the first day, we rode a bullet train and talked with my friends there.

We went to Roppongi in the afternoon and saw a lot of high buildings.

On the second day, I went to the Diet with my classmates.

I have seen it on TV, so I was impressed with it.

　左の英作文は，生徒が書いてきたものの一部である。修学旅行を6つのパートに分け，それぞれ10分以上の英作文を完成させる。半日で10文と聞くと生徒たちは「えー！？」と驚くが，意外とすらすらと書ける生徒が多い。それだけ，修学旅行で得られるものは多い。a bullet train や the Died などの単語も，使いやすい単語として導入しておく。

修学旅行には生徒を動かす力が！

I went to Tokyo on a school trip.

I rode **shinkansen**.

I went to **s**hibuya.

I talked with my friend at night.

It was fun.

On the second day ˅ I **go** to Ueno.

Panda **is** cute.

After, I **go** to TDL.

I will never forget this trip.

　この時期になると，生徒同士の学力の差は広がり，授業になかなか参加できない生徒が出てくる。そんな生徒でも，修学旅行で体験した事や見てきた事は，なんとかして伝えたい，知ってほしいという欲がある。左の英作文は，英語が苦手な生徒の作品で，授業もほとんど参加できないような生徒だ。文法的なミスはあるが，何とか伝えようと書いてきた。

6 新聞から何が読み取れますか

❧ It is ～ for - to … ❧

[標準実施時期]　9月～10月

[単元の目標]

　英語で書かれた新聞を読み取り，書かれている内容を強調構文（It is ～ for - to …）を使ってまとめることができる。

　私がALTや外国の方と英語で会話をしていると，強調構文を使っていることが意外に多いことに気がつく。スピーキング，特に1対1での英語での会話は，情報をリスニングして瞬間的に英文を頭の中で考えて発話する必要がある。頭の中で10秒も20秒も使って英文を考えていたら会話にならないのである。そんな中で，強調構文は，主語となるto以下の部分が文の後半にあるので，英語での会話の中で，とりあえず"It is ～"としゃべって時間を稼ぎながら，後半の主語部分の英文を考えていけばいいというメリットがある。そういう理由で，私は無意識的に使っているのだろう。

　さて，この文法の構造自体はさほど難しくないので，生徒たちの習熟は早いと考えている。"It is ○○ for 担任の先生 to ～." といった英文を考えたり，for ＋人の部分をあえて省略した「秘密の他己紹介文」をたくさん書かせて，who is this? の活動をしたりすることも考えられる。教科書の進度や他のパフォーマンステスト等の兼ね合いをみながら，自己表現活動を多く取り入れて，授業を進めていきたい。

右ページドリル解答

(1) It is easy for me to speak English.　(2) It is important for us to study.

(3) It is easy for Ken to play the guitar.　(4) It is not easy for Judy to play soccer.

(5) It is necessary for us to prepare for disasters.

(6) It is important for us to sing a school song.　(7) It is fun for Kenta to read comic books.

(8) It is boring for me to go shopping.

使える1文ドリル　新聞から何が読み取れますか

Class (　　　　) No. (　　　　) Name (　　　　　　　　　　　　　　)

＊英文の最初にくる単語もすべて小文字にしてあります。

(1) 私にとって，英語を話すことは簡単だ。　【 to speak English / for / is / easy / it / me / . 】

(2) 私たちにとって，勉強することは大切だ。　【 to / for / important / study / us / it / is / . 】

(3) Ken にとって，ギターを弾くことは簡単だ。
【 the guitar / to / for / easy / it / play / Ken / is / . 】

(4) Judy にとって，サッカーをすることは簡単ではない。
【 to / for / not / it / soccer / is / Judy / play / easy / . 】

(5) 私たちにとって，災害に備えることは必要だ。　＊災害＝ disasters
【 prepare for / us / necessary / it / for / is / to / disasters / . 】

(6) 私たちにとって，校歌を歌うことは大切だ。
【 sing / us / important / is / for / to / a school song / it / . 】

(7) Kenta にとって，マンガを読むことは楽しい。
【 read / Kenta / fun / is / it / for / comic books / to / . 】

(8) 私にとって，買い物をすることはつまらない。
【go shopping / for / is / to / boring / me / it / . 】

【1回目　　／8問】【2回目　　／8問】【3回目　　／8問】

It is ~ for - to …

新聞から何が読み取れますか

Class (　　　　) No. (　　　　) Name (　　　　　　　　　　　　)

NEW SHOPPING MALL OPEN!

Yesterday, new shopping mall was opened in Ishiyama town. You can buy anything there. Fox example, there are coffee from Brazil, rice all over Japan, and so on! A boy enjoying shopping with his friend said "We can buy sport goods from foreign countries. We came here to buy a new tennis racket! It's so fun!!"

【新聞記事や絵から読み取れたことを英作文しよう！】

強調構文以外の文を書いても OK。ただし，強調構文を必ず使い，できるだけ多くの英文を書こう！

Fantastic!! ⬆

Wonderful!! ⬆

Great!! ⬆

【評価のめやす】 ３文でＢ，６文でＡ，９文でＳ

模範解答

A new shopping mall was opened yesterday.

It is fun for Mike to buy a new tennis racket there.

He enjoyed shopping with his friend in the new shopping mall.

It is easy for us to buy coffee from Brazil because you can buy it in the mall.

　中学生にとって，英字新聞を読む機会はあまりないかもしれないが，このような簡単な英文から読み取れることを自分なりにリライトする活動は，楽しいし，力がつく。また，絵を見て，その情報を英文として作り上げる活動も力がつく。p.28の Picture Describe 活動をしながら，書く活動に慣れさせたい。

生徒の解答例　Excellent!!

A new shopping mall was opened in Ishiyama town.

It's exciting for people in Ishiyama to go there because the mall has many stores.

It is fun for Ann to drink coffee.

She likes to drink it.

It's fun for Mike to go there and enjoy shopping with his friends.

　2文目の英文は，強調構文と接続詞の「合わせ技」でとてもレベルが高く，英語が得意な生徒でもなかなかここまでの英文を作り上げることができない。「石山の人々」も，"Ishiyama people" としてしまいがちだが，ミスなく書けていて，素晴らしいライティングである。強調構文を3つも使えている点も優れている。

よくある間違い例　Try Again!!

A new mall opened yesterday.

It is very big mall.

It is **enjoy** for Ann to drink.

Ann **like** drink **a** coffee.

It is enjoy for Mike to go shopping.

He likes **play** tennis.

He wants new tennis racket, so he will buy it there.

　enjoy を形容詞的に使ってしまう生徒は意外と多い。もはや，enjoy は日本語的になっているので，「楽しい」というイメージが強いのだろう。このミスをする生徒は，「一般動詞がどれなのか」英文に丸をさせると，分かっていない場合が多い。よって，3文目，5文目のようなミスもしてしまいがち。

7 防災のために意識していることは何ですか

❖ 関係代名詞（主格）❖

[標準実施時期] 12月

[単元の目標]

関係代名詞（主格）使って，普段から防災のために意識していることを英作文できる。

　関係代名詞（主格）の導入として，例年フルーツバスケットを行っている。そうお伝えすると，英語の授業で遊んでいるように見えるが，もちろん英語，しかも関係代名詞を使って，ゲームを進める。ルールは簡単で，「すべて英語でフルーツバスケットを行う（全員移動を指定する「フルーツバスケット」と言うのは禁止）」だけである。真ん中に立った生徒は，"students who 〜〜〜." で生徒たちを指定し，椅子を取り合う。"students who lives in Sakai.", "students who are in the baseball club.", "students who like tennis.", "students who are from Kanazu elementary school." などなど，少し英語の表現方法（関係代名詞）を教えれば，上手に楽しんでくれる。また，この時点での細かな文法ミスは指摘しないようにしている。

　関係代名詞（主格）を使って，理想の彼氏・彼女像を考える活動も盛り上がる活動の１つといえる。"I love a girl who can play soccer well.", "I like a boy who has a short hair." など，生徒と一緒に作文していき，導入するのも楽しい活動となるだろう。

　また，関係代名詞を学習するこの時期あたりで，「名詞句」なのか「１つの英文」なのかを判断させる活動も，必要だろう。ワークシートに，関係代名詞の名詞句と関係代名詞を含む英文１文を羅列してそれを，判断させる。３年生で学習する文法の中で，最も難しいといわれている文法の１つであるので，上記のように段階を踏みながら導入・指導していく。

┌─ 右ページドリル解答 ─┐

(1) I like a girl who can play tennis.　(2) I like a girl who has a long hair.

(3) I like a boy who is taller than I.　(4) I like a boy who has a short hair.

(5) I know that girl who is playing tennis there.

(6) That boy who is playing soccer there is Ken.

(7) This is a bus which goes to the station.

(8) This is a movie which makes many people happy.

防災のために意識していることは何ですか

Class (   ) No. (   ) Name (   )

＊英文の最初にくる単語もすべて小文字にしてあります。

(1) 私は，テニスをすることができる女の子が好きです。

【 can play tennis / a girl / like / who / I / . 】

(2) 私は，髪の長い女の子が好きです。 【 a long hair / who / like / I / a girl / has / . 】

(3) 私は，自分より背の高い男の子が好きです。

【 I / taller / a boy / than / like / who / is / I / . 】

(4) 私は，髪の短い男の子が好きです。 【 a short hair / who / a boy / like / I / has / . 】

(5) 私は，そこでテニスをしているあの女の子を知っています。

【 there / playing / who / tennis / that girl / I know / is / . 】

(6) そこでサッカーをしているあの男の子は Ken です。

【 Ken / there / playing / is / who / soccer / boy / that / is / . 】

(7) これは，駅に行くバスです。 【 the station / which / is / a bus / this / goes to / . 】

(8) これは，多くの人を幸せにさせる映画です。

【 makes / a movie / happy / this / which / many people / is / . 】

防災のために意識していることは何ですか

Class (　　　) No. (　　　) Name (　　　　　　　　　　　)

Good!! ⬆

Fantastic!! ⬆

Wonderful!! ⬆

Great!! ⬆

an earthquake
災害について書こう。

a lot of rice and water
家の備蓄品を紹介！

関係代名詞の主格は使えていますか？　「いつか来るだろう災害」"disasters which will come someday" などが表現できますよ！

学校での避難訓練 "evacuation drill" について書いても OK！難しいけれど，よく考えて挑戦しよう！

先生の添削を受けて，ここに書きなおしてみよう！

【評価のめやす】3文でC，6文・9文でB，12文以上でA

模範解答

It is necessary to prepare for disasters.
We had a big earthquake in Tohoku.
We must not forget the earthquake which killed many people.
I try to prepare for disasters which will come someday.
I have a lot of water, rice and so on.
I want to talk about that with my family.

日本は災害が多い国である。地震や津波は記憶に新しいし，大雨や落雷もある。毎年行う避難訓練や総合的な学習の時間とも絡めて，防災のために何をしているか，改めて考える必要がある。

生徒の解答例　Excellent!!

It is necessary to prepare for disasters.
I must not forget the disaster which killed many people in Tohoku.
I try to talk about it with my family and try to keep the past in mind.
I have a lot of water, rice in case of a big disaster.
I think that trying evacuation drill is very important for us.

関係代名詞を使って，防災について書くというかなり何度の高いトピックを，左の生徒は表現豊かに書きあげている。既習の表現である，keep the past in mind, in case of, evacuation drill なども使えていて，理解度の高さがうかがえるライティングである。

よくある間違い例　Try Again!!

It is necessary for us to prepare for disasters.
I don't want to forget the disaster which **many people killed.**
Many people will sad.
I have a lot of rice at home.
I don't like disasters which is big.

この文法で多いのは，まずは語順のミスだろう。2文目のように，関係代名詞（主格）の次が動詞になっていない場合である。また，最終文のような英文も見かける。一見正しいように見える（中学生がこう書いてくるのも分かる）が，この場合は単に "I don't like big disasters." で構わない。考えすぎている生徒によく見かけるミスである。

8 尊敬する人を教えてください

♣ 関係代名詞（目的格）♣

[標準実施時期] 1月

[単元の目標]

関係代名詞の目的格を使って，自分が尊敬する人物について英作文できる。

関係代名詞は，主格に関しても目的格に関しても，どちらも3年生の最重要課題だと考えている。関係代名詞を「どういう○○かというと…」と考えれば，英文をすらすら読めるようになる。

This is a book which I bought yesterday.

↑どういう本かというと…

This is a T-shirt which my father gave for my birthday.

↑どういうTシャツかというと…

ただ，上記は英文を読むときのテクニック・考え方として生徒には伝えるが，英語が苦手な生徒にとって，代名詞が使われた比較的長い英文は読み取るのが難しい。今回は，私が関係代名詞（目的格）に関して実践している導入を紹介する。何度も関係代名詞の目的格を聴かせることを目的とし，英文を読みとるのが苦手だという思いを少しでも軽くしたい。

①テレビ（スクリーン）に未習の単語を提示（生徒は全員立つ）。

②その単語を教師が関係代名詞を使って，説明する。"It is something which you …."

③いくつかヒントを出していき，その単語の意味が分かった生徒から座る。

④全員座ったら，「せーの」で日本語の意味を大きな声で言う。

これで何度も関係代名詞を聴かせることができ，導入できる。たまに誤解したまま座った生徒が，大きな声で違う日本語を言ったりして盛り上がる。

右ページドリル解答

(1) This is a person who I respect.　　(2) This is a CD which my mother gave to me.

(3) This is a fruit which I like the best.

(4) This is a picture which my father took last year.

(5) This is a book which my father wrote.　　(6) This is a book which Ichiro wrote last year.

(7) This is the computer that I have wanted for a long time.

(8) This is a T-shirt which I bought.

(9) This is a book which many students bought.

使える1文ドリル　尊敬する人を教えてください

Class (　　　) No. (　　　) Name (　　　　　　　　　　　)

＊英文の最初にくる単語もすべて小文字にしてあります。

(1) こちらは私が尊敬する人です。【 who / is / this / a person / I respect /. 】

(2) これは私の母がくれたCDです。【 to me / my mother / a CD / this / is / which / gave /. 】

(3) これは私が一番好きなフルーツです。【 the best / which / is / a fruit / this / I like /. 】

(4) これは私の父が去年撮った写真です。
【 took / which / is / my father / last year / a picture / this /. 】

(5) これは私の父が書いた本です。【 my father / a book / this / is / which / wrote /. 】

(6) これはイチローが去年書いた本です。
【 last year / which / wrote / is / a book / this / Ichiro /. 】

(7) これは私がずっと欲しいと思っているコンピュータです。
【 have wanted / that / for a long time / the / is / this / I / computer /. 】

(8) これは私が買ったTシャツです。【 bought / which / a T‐shirt / this / is / I /. 】

(9) これは多くの生徒が買った本です。
【 bought / which / many students / is / a book / this /. 】

【1回目　　／9問】【2回目　　／9問】【3回目　　／9問】

尊敬する人を教えてください

Class (　　　) No. (　　　) Name (　　　　　　　　　　　)

Good!! ⬆

a baseball player

尊敬する人を紹介！

Fantastic!! ⬆

尊敬する人の書いた本があれば
紹介！

Wonderful!! ⬆

「私は彼女が書いた本を持っている」「私は彼が読んだ本を買った」などの英作文で，関係代名詞が使えたら完璧！

Great!! ⬆

関係代名詞を使いながらたくさんの英文を書けましたか？　今まで学習した文法を総動員して，１文でもたくさん書こう！

先生の添削を受けて，ここに書きなおしてみよう！

Shohei Otani is the player who I have respected for a long time.

He plays baseball very well.

I often watch his baseball game.

My father bought me a book which Mr. Otani wrote last year.

I want to play baseball with him.

I want to read another book which he wrote.

模範解答

　野球選手を取り上げたライティングである。トピックを考えながら，関係代名詞を英作文に取り入れることはかなり難しいが，ぜひ挑戦させてほしい。尊敬する人が書いた本などがあれば，それに関して英作文させ，習熟させたい。

Doraemon is a character who I respect.

He is very kind to Nobita.

He gave Nobita many tools which he brought from 22nd century.

I know Nobita's feeling because I am bad at P.E., too.

I want to be like Doraemon who helps other people.

生徒の解答例　Excellent!!

　尊敬する「人」というトピックだったので，このライティングを読んだときは大変驚いた。しかし，この生徒はもちろんトピックについて一生懸命考えてくれたので，丁寧に添削した。一部の生徒はこういった面白い視点のライティングを書いてくるので，本当に添削が楽しみである。教師よりも生徒のほうがトピックを柔軟に考えているのである。

Mr. Nakata is a soccer player who I respect.

I have played soccer for three years.

It is very interesting.

I was a member of the soccer club

I want to play soccer at a high school, too.

I want to be a player like Mr. Nakata.

よくある間違い例　Try Again!!

　1文目にターゲットグラマーを使用できているが，その後一度も使われていないので，物足りない感じがする。また，中田選手の紹介というよりは，自己紹介のようになっているので，そこは考え方を変えて，中田選手の情報を英文にするよう指導していく。

9 高校生になったら何がしたいですか

❖ 後置修飾 ❖

[標準実施時期]　1月

[単元の目標]

後置修飾（現在分詞・過去分詞）を用いて，高校生になったら何をしたいか英作文できる。

　年が明け，いよいよ受験シーズンである。ほとんどの生徒が加入していた部活動が終わって約半年。夏休み明けには，受験モードに早く入れた生徒も，なかなか受験に向けて勉強に手に付かなかった生徒も両方が学級にいたと思うが，この時期には，学校・クラス全体で受験モードになっていることと思う。もしかしたら，早く受験が終わって，高校に合格した生徒がクラスにいるかもしれない。

　そんな中で，「高校生になったら何をしたいか」というトピックで英作文にチャレンジさせる。義務教育が終わり，いよいよ高校生。不安もあると思うが，多くの生徒は早く高校生になって，色々なことに挑戦してみたいと思っているだろう。その思いを，後置修飾（現在分詞・過去分詞）を交えてライティングで表現させる。

　動詞の ing 形（現在分詞）に関しては，１年生の現在進行形，２年生の過去進行形と動名詞から４度目の登場となる。大まかなルールに関しては，ほとんどすべての生徒は習熟していてほしいが，動詞の最後が ie で終わるものには，ie を y に直して ing であるルールは復習しておくべきかもしれない（die → dying）。

　現在分詞の導入については，カルタが有効だろう。サッカーをしている少年，音楽を聴いている少女などのカルタを作成し，教師が言った英語を聴いて取るという活動だ。慣れてきたら，取った生徒は英語をもう一度リピートしたり日本語訳したりできたらカルタをゲットできるというルールも面白い。

　　右ページドリル解答

(1) Yumi is a girl playing tennis.　　(2) Ann is a girl reading a book.

(3) Mike is a boy walking with a dog.　　(4) Bill is a boy playing the guitar.

(5) It is a high school built in 2010.　　(6) English is a language spoken around the world.

Class (　　　　) No. (　　　　) Name (　　　　　　　　　　　　　)

(1)【上のイラストを見て，Yumi は何をしているか現在分詞を使って表現しよう】

　　Yumi is a girl

(2)【上のイラストを見て，Ann は何をしているか現在分詞を使って表現しよう】

　　Ann is a

(3)【上のイラストを見て，Mike は何をしているか現在分詞を使って表現しよう】

　　Mike is

(4)【上のイラストを見て，Bill は何をしているか現在分詞を使って表現しよう】

　　Bill

ここからは過去分詞を使った並び替え問題です。

＊英文の最初にくる単語もすべて小文字にしてあります。

(5) それは，2010年に建てられた高校です。　【 built / is / it / in 2010 / a high school / . 】

(6) 英語は世界中で話されている言語です。

　【 a language / is / around the world / spoken / English / . 】

【1回目　　／6問】　【2回目　　／6問】　【3回目　　／6問】

高校生になったら何がしたいですか

Class (　　　) No. (　　　) Name (　　　　　　　　　)

Good!! ⬆

Fantastic!! ⬆

Wonderful!! ⬆

Great!! ⬆

先生の添削を受けて，ここに書きなおしてみよう！

high school

行きたい高校を紹介！

高校でやりたいことを
作文しよう！

built in 西暦　という表現を使って，その学校の歴史を作文してみよう！
例
It's a high school built in 〜.

現在分詞は作文の中で使えましたか？　接続詞（because, if, when）も使えるよう挑戦してみよう！！

【評価のめやす】３文でＣ，６文・９文でＢ，12文以上でＡ

模範解答

I want to go to Sakai high school.
It's a new school built in 2010.
I'll study hard and play baseball there.
I like English, so I try to practice it.
I have played baseball for six years, so I'll play it there, too.
Mr. Kawakami is a baseball coach teaching there.
I study hard now to enter the school.

現在分詞と過去分詞の両方を使用しながら，ライティングを完成させることは容易ではないが，毎年生徒たちはなんとか挑戦して書こうとしている。左のように，具体的に高校で何をしたいかを考え，できれば1回ずつ現在分詞・過去分詞を使ってほしい。

生徒の解答例　Excellent!!

I want to go to Fuji high school.
It's an old school built in 1890.
Many students go there and try to study hard.
The teachers teaching there are kind and their classes are interesting.
I have studied English, so I want to study hard there because English is a language spoken in the world.

この生徒のライティングにも現在分詞と過去分詞が使用されており，英作文力の高さを感じる。さらに，接続詞 because も使えており，その理由が分かりやすい。3年生も終わりに近づいている。力のある生徒は，どんどんこのような文法を使ってもらい，さらに力を伸ばしたい。

よくある間違い例　Try Again!!

I want to go to Higashi high school.
It built in 1980.
Higashi high school is studying hard.
I am going to study hard.
I want to play soccer, too.
Soccer played in the world.
I am looking forward to it.

後置修飾の間違いで多いのは，2文目，3文目，6文目のようなミスである。現在分詞も過去分詞も両方，名詞を修飾する（私は授業中，修飾することを「飾りをつける」と表現している）ということを理解していないことが原因だろう。その理解が不十分だと，左のようなライティングになってしまうので，注意が必要だ。

1年　2年　3年

10　中学校の思い出を教えてください

❖　間接疑問文　❖

[標準実施時期]　1月

[単元の目標]

中学校生活を振り返り，間接疑問文を用いて，その思い出を英作文できる。

　本書最後のトピックである。29のトピックについて導入方法やその他の実践などをお伝えしたが，一貫してお伝えしたのは，「書けば書くほど英作文力は伸びていく」ということである。さらに，多くの英作文を書くことによって伸びた力はなかなか落ちない。リスニング力やスピーキング力は上がるのは早いが，落ちるのも早い。一方，ライティング力のいいところは，いったん伸びてしまえば，その力はなかなか落ちないことである。

　しかしながら，3年間で29のトピックで足りるのかと問われれば，まだ不十分だと言わざるを得ない（できれば3年間を通して1週間に1つのトピックについて書かせたい）。その時期学習する文法事項と絡めながら，定期テストでも出題し，書き直しを何度もさせ，丁寧に指導することで生徒の力は伸びていく。やはり，手間（といっては不適切かもしれないが…）をかけて，適切な教材を与え，量をこなさせることが，中学生を伸ばす王道だと感じている。

　最後のトピックの文法事項は間接疑問文である。例年，導入は ALT との会話から私が "I don't know what my wife wants for my birthday." と会話し（妻が誕生日に何が欲しいのか，毎年不明である），導入している。ノリのいい ALT などは生徒に話を振って，考えさせてくれる。毎年「直接聞いたほうが早い」という結論になり，導入は終わっていくわけだが，生徒にはその原理を以下の4パターン指導していく。

　疑問詞以下に be 動詞がある場合，疑問詞以下に一般動詞がある場合，疑問詞以下に一般動詞（三単現の s 付き）がある場合，疑問詞以下に過去形がある場合である。また，疑問詞は大きく6つあり，マスターすればかなり使い勝手が良い。英作文でも積極的に使用するよう指導する。

⎛　右ページドリル解答　⎞

(1) I don't know what this is.　(2) I know where Tom is from.

(3) I don't know what Judy wants.　(4) Kenta knows when Tom's birthday is.

(5) I don't know whose pencil this is.　(6) I know what you ate.

(7) I know what I should do at night.　(8) I know what sports Ken can play.

(9) I don't know where I should go at first.

Class (　　　　) No. (　　　　) Name (　　　　　　　　　　　　　　)

＊英文の最初にくる単語もすべて小文字にしてあります。

(1) 私はこれが何なのか，分からない。【 what / is / don't / know / I / this / . 】

(2) 私はトムがどこ出身なのか知っている。【 Tom / know / I / where / is from / . 】

(3) 私はジュディは何が欲しいか，分からない。【 wants / what / I / don't know / Judy / . 】

(4) ケンタはトムがいつ誕生日なのか知っている。
【 is / when / knows / Tom's birthday / Kenta / . 】

(5) 私はこれが誰のペンなのか知らない。【 is / whose pencil / know / I / this / don't / . 】

(6) 私はあなたが何を食べたか知っている。【 ate / know / you / I / what / . 】

(7) 私は夜，何をすべきか知っている。【 do / I / know / should / at night / I / what / . 】

(8) 私はケンが何のスポーツをすることができるか知っている。
【 play / Ken / can / know / I / what sports / . 】

(9) 私は最初にどこに行くべきかわからない。
【 at first / should / I / know / go / don't / where / I / . 】

【1回目　　／9問】【2回目　　／9問】【3回目　　／9問】

中学校の思い出を教えてください

Class (　　　) No. (　　　) Name (　　　　　　　　　　　)

３年間を振り返って
何について書くか決めよう！

思い出に残っていることを詳し
く英作文しよう！

間接疑問文を１つ以上使いまし
たか？　「先生がどうやってプ
レーするのか教えてくれた」な
どは英作文と絡めて書きやすい
ですよ。

３年間を振り返り，最後の文は
友達や家族，先生などに対する
感謝を表す英文を書こう。I
want to say "thank you". な
ど。

Good!! ⇧

Fantastic!! ⇧

Wonderful!! ⇧

Great!! ⇧

先生の添削を受けて，ここに書きなおしてみよう！

【評価のめやす】３文でC，６文・９文でB，12文以上でA

模範解答

We enjoyed school life here.

We will never forget what we learn.

We will go to a high school, but we will never forget how we spend at Kanazu junior high school.

My homeroom teacher told me how I should spend as a student.

I want to say "thank you" to him.

　3年間の思い出…というよりは，卒業式の答辞のようになってしまっているが，疑問詞を使って3年間を振り返った模範解答が左である。中学校生活は，長いようで，振り返るとたいへん短い。間接疑問文を中学校における英語学習の総まとめのトピックとしたい。

生徒の解答例　Excellent!!

I enjoyed junior high school life for three years.

Many of teachers taught me what I should learn at that time.

My English teacher taught me how we should study English many times.

We have practiced English a lot.

We all enjoyed most of their classes and want to thank them.

　左のライティングは，3年時に指導させてもらった生徒のものである。英語の学習は中学で終わるものではなく，むしろここがスタートだ。「どうやって言語を学習するか」提示し続け，この生徒の努力によってここまでの英文を書けるようになった。私の力では決してない。本当によく努力してくれた生徒だった。

よくある間違い例　Try Again!!

I enjoyed junior high school life for three years.

My teachers told me **what do you study**.

They taught me **what is the subjects**.

I want to say "thank you".

I am going to enjoy high school life, too.

　この文法で間違いが多いのは，何といっても主語と動詞の並びだろう。特に，口語表現で慣れている文型（When is your birthday?）などは，間接疑問文に直してI knowから書かせると，学力の高い生徒でもI know when is your birthday. と書いてくる。並び替え問題などで，たくさん練習させたい。

おわりに

■学校独自の「英作文問題集」を持つのが理想

　本書は，英語の指導におけるライティングに特化して，「書けば書くほど力が伸びる」「短い英文でもいいから多くの英文を書く」ことを目標にして力を伸ばすことをコンセプトとしています。しかしながら，学校によっては，本書のトピックと英語科の指導方針とは完全に一致しないことがあるでしょう。地域によって学力差がありますし，家庭環境や地域の雰囲気などによって生徒の質はかなり変化します。また，英語科教員で指導方針が異なることも考えられます。よって，欲を言えば，学校独自の「英作文問題集」を作成するのが理想です。これまで学校独自で行ってきたライティング活動を英作文問題集のトピックに入れてしまい，独自に英作文問題集を作成するのです。そこで，学校独自の英作文問題集を作るためのヒントをご紹介して，あとがきとしたいと思います。

■1年間を5タームで考える

　著者の勤めていた学校の英語科では，1年間を5つの期間に分けて英作文のお題（トピック）を選んでいました。3学年のそれぞれ4月から5月の「学年初期」，6月から8月の「夏季休業期」，9月から11月の「学習充実期①」，12月から1月の「学習充実期②」，2月から3月の「次学年準備期（3年生は受験期）」として，それぞれの期間で学習する文法項目と学校行事，定期テストなどと連動させたトピックを選定し，英作文問題集に収録しました。そして，その期間中に書いたものを定期テストの範囲とし，必ずそのトピックの中から定期テストに出題することとします。

■生徒が手に取りたくなるような手立てを散りばめる

　1つのお題から10文以上の英作文を行うことは，低学力層にとっては至難の業です。ですから，問題集内の最初は，なんといっても語順を明確にしたページを作成すべきでしょう。例えば英文の代表的な語順である，「誰（何）が」→「どうする」→「何を」→「どのように」→「どこ」→「いつ」→「なぜ」というように，そこに英単語を入れていけば英文が完成できるように明示しておく必要があるでしょう。また，このページを作成することで，語順がばらばらな生徒への指導として「常にこのページを参照しながら英作文するように」と指示することができます。

　生徒が手に取りたくなるような手立てとして，美術部とタイアップすることも面白いでしょう。英語をイメージした絵を描いてもらって表紙に使わせてもらうのも面白いでしょうし，そ

れぞれのお題に関する挿絵を描いてもらうのも楽しいでしょう。これにより，少なくとも美術部の生徒は問題集を開くようになります。私が勤務していた学校でも，英作文問題集の表紙作成を美術部にお願いして，生徒や周りの教員から好評でした。

　生徒にとって，英語がいくら学習とは言え，自分がどのくらい英作文を書いて，積み上げてきたのか見えないと，モチベーションは上がりません。そこで，英作文問題集の裏表紙などにそれがわかるようなものを印刷してはいかがでしょう。アメリカの地図を印刷し，１つのライティングを書いたら１つの都市を色塗りできるような仕掛けや，１つ書くごとに１つの都道府県を塗り絵できるような仕掛けでもいいでしょう。とにかく，積み上げてきたライティングを見える化できるものがあることで，生徒のモチベーション向上の手立てとなります。

■続ければ必ず力がつくと生徒が感じるものにしよう

　中学校３年生ともなると，気になりだすのが高校入試です。高校によって「クセ」のある英作文問題が出題されていたり，学年当初から高校入試問題を見たいという生徒がいたりするかもしれません。そこで，高校入試における過去問題一覧や中学校の定期テストに出題したお題を一覧にして英作文問題集に収録してはいかがでしょうか。一見すると大変な作業に見えますが，一旦書ききってしまえば，毎年使えるので，素晴らしい英作文問題集になるでしょう。

　また，過去の先輩の作品をスキャンしてそのまま記載するのも有効です。該当生徒への許可は必要ですが，過去の先輩の作品をそのまま記載することで，それが「こんな風に書いてみたいという」憧れに繋がるかもしれませんし，ミスもそのまま記載することで，ミスへの意識も高まります。

　最初に申し上げたとおり，学校独自の英作文問題集を作ることが理想です。しかし，超がつくほど多忙な中勤務されている中学校教員にとって，それを学年１冊，３学年で３冊作り切るにはかなりの手間と時間が必要です。私の勤務していた学校では，最初に３年生専用問題集（過去の問題などを記載したら，100P を超えました），その次の年に１，２年生にも作り，３冊作成するのに２年間かかりました。そこで，本書で書かせていただいた活動例や指導例，お題に関する並び替え問題，模範解答やよくある解答が，その作成の手助けとなることができれば，これほど幸いなことはありません。ありがとうございました。

2018年１月

江澤　隆輔

【著者紹介】

江澤　隆輔（えざわ　りゅうすけ）

福井県坂井市生まれ。坂井市立春江東小学校教諭。広島大学教育学部（英語）卒業後，福井市立灯明寺中学校，あわら市立金津中学校を経て現職。

金津中学校勤務時には，英語科一体となって，独自に１年生へフォニックス導入，多くのパフォーマンステスト設定，３年間を見通した英作文問題集を作成。その取り組み成果が外部検定試験 GTEC の結果に現れ，『VIEW21教育委員会版』臨時増刊号『英語４技能育成特集号』（2017年６月発刊）に取り上げられる。

〔本文イラスト〕木村美穂

中学校英語サポートBOOKS

苦手な生徒もすらすら書ける！
テーマ別英作文ドリル＆ワーク

2018年2月初版第1刷刊 ©著　者	江　澤　隆　輔
2021年3月初版第5刷刊 発行者	藤　原　光　政

発行所　明治図書出版株式会社
http://www.meijitosho.co.jp
（企画・校正）広川　淳志
〒114-0023　東京都北区滝野川7-46-1
振替00160-5-151318　電話03(5907)6704
ご注文窓口　電話03(5907)6668

＊検印省略　　　組版所　長野印刷商工株式会社

Printed in Japan　　　ISBN978-4-18-140727-8
もれなくクーポンがもらえる！読者アンケートはこちらから →